Joachim Busse
Anneliese Westermann

„mir"
oder
„mich"?

Übungen
zur Formenlehre

Max Hueber Verlag

deutsch üben

ist eine Reihe von Übungsbüchern zu Grammatik, Wortschatz und Rechtschreibung, die als kursunabhängiges Material zu jedem beliebigen Lehrbuch, aber auch kurstragend benutzt werden können. Bedingt durch die Konzeption, dass in die Übungsblätter auch hineingeschrieben werden kann, liegt der Übungsschwerpunkt im schriftlichen Spracherwerb.

Sämtliche Bände sind auch für den Selbstunterricht geeignet.

Vorwort

„mir" oder *„mich"*? enthält Übungen für Anfänger und Fortgeschrittene, die ihre deutschen Sprachkenntnisse sichern oder erweitern wollen, für Lernende der verschiedensten Ausbildungs- und Studiengänge (Schüler und Erwachsene), für Selbstlerner und für alle, die am Arbeitsplatz Deutsch sprechen müssen. Das Buch bietet dem Lehrer Zusatzmaterial für schriftliche Arbeiten, für die Hausarbeit und Vorlagen für Tests. (Übungen, die auf einem getrennten Blatt Papier gelöst werden sollen, sind mit einem Symbol versehen.)

Jeder, der eine Sprache lernt, braucht ständige Übung. Unter den grammatischen Hauptthemen wurden in langjähriger Erprobungszeit Kapitel ausgewählt, die sich als besonders übungsbedürftig erwiesen. Fast alle Übungen können unter mehreren grammatischen Gesichtspunkten herangezogen werden. Die Übungen helfen dem Lernenden, sicherer zu werden im mündlichen und schriftlichen Gebrauch der Umgangssprache, indem sich ihm Strukturen und Wortschatz durch lange Übungsreihen und häufiges Wiederholen einprägen.

Überschrift, Schema und Strukturmuster setzen eine selbständige Tätigkeit bei allen Übungen in Gang.

Die Sammlung stellt nicht notwendigerweise einen fortlaufenden Lehrgang dar; Lehrer oder Schüler können je nach Bedarf Übungsfolgen auswählen.

5.	4.	3.		Die letzten Ziffern
2009	08	07	06	05	bezeichnen Zahl und Jahr des Druckes.

Alle Drucke dieser Auflage können, da unverändert, nebeneinander benutzt werden.
1. Auflage
© 2001 Max Hueber Verlag, 85737 Ismaning, Deutschland
Umschlaggestaltung: Parzhuber & Partner, München
Druck und Bindung: Ludwig Auer GmbH, Donauwörth
Printed in Germany
ISBN 3-19-007449-6
(früher erschienen im Verlag für Deutsch, ISBN 3-88532-650-7)

Inhalt

Die Ziffern bezeichnen die laufende Nummer der Übungen

1. Verben

Präsens 1—15
Perfekt 16—21
Präteritum 22—26
Futur I 27

Partizip I 14
Partizip II 32
Infinitiv 36

Passiv 28—32
Imperativ 33—36
Konjunktiv 37, 38

Hilfsverben 12, 13
Modalverben 6, 7, 9—11, 28, 29
Trennbare Verben 5, 18, 32
Reflexive Verben 15

2. Substantive und Artikel

Unbestimmter Artikel 39
Bestimmter Artikel 39, 40, 42—46
derselbe, dieselbe, dasselbe 41
artikelloser Gebrauch 47
Plural 48—50
Akkusativ 51, 58, 60
Dativ 52—57, 59, 61—66, 78
Genitiv 67—70
Wortbildung 40, 42—46

3. Pronomen

Personalpronomen 71—78
Possessivpronomen 79—86
Interrogativpronomen 87, 88
Reflexivpronomen 15

4. Adjektive

Deklination 69, 70, 84, 85, 89—104
    nach dem bestimmten Artikel 69, 89,
    90, 92, 93, 95—97, 99
    nach Possessivpronomen 84, 85, 91, 99
    nach dem unbestimmten Artikel 70, 92,
    94, 98

ohne Artikel 57, 100—103
der/die/das gleiche 104
Komparation 105, 106
Wortbildung 107—110

5. Präpositionen

in 58, 59
in, auf, neben ... 60, 61
mit 62, 64, 65
aus 63
während 67, 68
wegen 68
trotz 68, 99
seit 82
bei 101
auf oder *in?* 111
auf oder *für?* 112, 113
nach oder *über?* 114
über, auf oder *für?* 115
an, für oder *über?* 116

6. Adverbien

sehr oder *viel?* 117
noch nicht oder *nicht mehr?* 118
hin oder *her?* 119

7. Syntax

zwar ..., aber 120
..., wie 121
..., um zu 122
während 123
wenn 124
als 125
scheinen, dass .../scheinen + zu 126
immer wenn; jedesmal wenn 127
Relativsätze 128—130

Schlüssel zu sämtlichen Übungen

Seite 93—108

1 Was tust du? — Was tut er?

fragen   *ich frage; er fragt*

sagen   *ich sage; er sagt*

gehen   *ich gehe; er geht*

1. bleiben   _____

2. kommen   _____

3. rufen   _____

4. lernen   _____

5. lachen   _____

6. weinen   _____

7. etwas suchen   _____

8. etwas kaufen   _____

9. etwas bezahlen   _____

10. etwas bringen   _____

11. etwas holen   _____

12. schreiben   _____

13. unterschreiben   _____

14. danken   _____

15. denken   _____

16. etwas machen   _____

17. stehen   _____

18. hören   _____

19. spielen   _____

20. verstehen   _____

2 Was tust du?

```
a  →  ä
e  →  i oder ie
```

fahren   *Fährst du? — Ja, ich fahre.*
helfen   *Hilfst du? — Ja, ich helfe.*
stehlen   *Stiehlst du? — Nein, ich stehle nicht.*

1. werfen   _____

2. treffen   _____

3. halten   _____

4. laufen   _____

5. fangen   _____

6. anfangen   _____

7. sprechen   _____

8. lesen   _____

9. etwas sehen   _____

10. unterbrechen   _____

11. widersprechen   _____

12. waschen   _____

13. schlafen   _____

14. etwas geben   _____

15. etwas mitnehmen _____

16. essen   _____

17. sich bewerben   _____

18. sich unterhalten _____

19. messen   _____

20. abfahren   _____

3 kaufen

1. Ich _____ mir eine Zeitung. 2. _____ du dir auch eine Zeitung?

3. Wir _____ uns Briefpapier. 4. Er _____ sich das Fernsehprogramm.

5. _____ ihr euch eine Fernsehzeitung? 6. Frau Koch _____ sich eine

Zeitschrift. 7. Herr Meyer _____ sich eine Tageszeitung. 8. Die Schüler

_____ sich Monatskarten. 9. Petra _____ sich ein Heft. 10. Inge

und Michaela _____ sich Bücher. 11. Was _____ sie sich? 12. Was

_____ Sie sich? 13. _____ sich die Kinder Obst? 14. _____

sich das Kind Süßigkeiten? 15. Der Lehrer _____ sich eine Schreibmaschine.

16. Die Hausfrau _____ ein. 17. Wir gehen ins Kaufhaus und _____

ein. 18. _____ ihr auf dem Wochenmarkt ein? 19. Ich muss mir einen neuen

Kugelschreiber _____ . 20. Die Kinder wollen sich Buntstifte _____

21. Was wollt ihr euch _____ ? 22. Wer _____ , muss bezahlen.

4 Was machst du? — Was macht er?

warten   *ich warte; er wartet*

schneiden   *ich schneide; er schneidet*

  1. arbeiten   _____

  2. streiten   _____

  3. etwas finden   _____

  4. um etwas bitten   _____

  5. beten   _____

  6. etwas senden   _____

  7. leiden   _____

  8. etwas vermeiden   _____

  9. reiten   _____

10. antworten _____

11. reden _____

12. etwas betrachten _____

13. etwas beobachten _____

14. etwas beachten _____

15. berichten _____

16. sich verabreden _____

17. etwas anbieten _____

18. etwas vorbereiten _____

19. sich erkälten _____

20. sich entscheiden _____

5 Diese Wörter muss man trennen.

früh aufstehen	*Ich stehe früh auf.*
den Kindern etwas vorlesen	*Ich lese den Kindern etwas vor.*
sich den Mantel anziehen	*Ich ziehe mir den Mantel an.*

1. sich den Schal umbinden   **2.** sich die Mütze aufsetzen   **3.** sich den Knopf annähen   **4.** sich die Jacke zuknöpfen   **5.** sich den Reißverschluss zumachen   **6.** sich die Schuhe ausziehen **7.** sich das Bild angucken   **8.** mit dem Fahrrad wegfahren   **9.** in den Zug einsteigen   **10.** aus dem Zug aussteigen   **11.** den Text durchlesen   **12.** den Text abschreiben   **13.** mit der Arbeit anfangen   **14.** mit der Arbeit aufhören   **15.** die Wörter aufschreiben   **16.** früh abfahren **17.** spät ankommen   **18.** das Licht anmachen   **19.** das Licht ausmachen   **20.** die Tür abschließen

6 können

Er hilft mir.	*Er kann mir helfen.*
Ich komme morgen nicht.	*Ich kann morgen nicht kommen.*
Ihr holt mich ab.	*Ihr könnt mich abholen.*

1. Sie verspricht mir nichts.   **2.** Er fährt in diesem Jahr nicht in seine Heimat.   **3.** Schläfst du nicht?   **4.** Schlaft ihr nicht?   **5.** Liest du Griechisch?   **6.** Der ausländische Schüler spricht schon gut Deutsch. **7.** Sprichst du Portugiesisch? **8.** Sprecht ihr Russisch? **9.** Siehst du das Schiff dahinten? **10.** Trägt sie den schweren Koffer? **11.** Ich nehme an dem Kurs leider nicht teil. **12.** Wir fangen jetzt an. **13.** Ihr hört jetzt auf. **14.** Der Kranke zieht sich nicht allein an. **15.** Kommst du heute zu uns? **16.** Ich komme nicht. **17.** Übersetzen Sie mir diesen Text? **18.** Ich verstehe dich nicht. **19.** Wir holen euch nicht vom Flughafen ab. **20.** Erklärst du mir das?

7 Heißt es „können" oder „kennen"?

1. Ich _____ meine neuen Nachbarn noch nicht. **2.** _____ du Schach spielen? **3.** _____ ihr die Verkehrsregeln? **4.** _____ er Auto fahren? **5.** Ich _____ alle deutschen Bundesländer.

6. _____ ihr Paris? **7.** Wir _____ uns nun schon seit zehn Jahren. **8.** Wer _____ mir helfen? **9.** _____ Sie mir zehn Mark wechseln? **10.** _____ du die Dame? **11.** Wir _____ heute Abend nicht zu euch kommen. **12.** Ihr _____ euch auf uns verlassen.

13. _____ ihr euch schon lange? **14.** _____ du das neue Museum? **15.** _____ du mit mir in das neue Museum gehen? **16.** Ich _____ dir keinen Rat geben. **17.** Ich _____ deine Ratschläge! **18.** Meine Eltern _____ mich nicht unterstützen. **19.** Meine Eltern _____ meine Sorgen. **20.** Das _____ du doch! **21.** Das _____ du doch! **22.** Deine Freundin möchte ich gern _____ lernen. **23.** Du _____ aber gut schwimmen! **24.** Du _____ die Bundesrepublik aber gut!

8 wissen

1. Er _____ sehr viel. **2.** _____ du, wo das Rathaus ist? **3.** Ich _____ es. **4.** Wir _____ nicht, wann der Zug ankommt.

5. _____ ihr es? **6.** _____ Sie, wo das nächste Postamt ist? **7.** Woher _____ du das?   8. _____ ihr nicht, dass morgen ein Feiertag ist?

9. _____ Sie nicht, dass Ihr Pass längst abgelaufen ist?   10. _____ du,

dass dein Ausweis ungültig ist?   11. Ich _____ , dass eine handwerkliche Ausbildung

drei Jahre dauert.   12. Wir _____ einiges über die Geschichte unseres Landes.

13. Wer _____ , wem dieses Buch gehört?   14. Jeder _____ , was die

Verkehrszeichen bedeuten.   15. Viele _____ nicht, welchen Beruf sie wählen sol-

len.   16. _____ du, was das bedeutet?   17. _____ ihr, wann er

kommt?   18. Ihr _____ nichts.   19. Du _____ alles.   20. Er

_____ viel.   21. Das musst du doch _____ !   22. Das muss jeder

_____ !   23. Das kannst du nicht _____ .   24. Ich möchte gern

_____ , was in dem Brief steht.

9 wollen

Er geht ins Kino.   ·Er will ins Kino gehen.

Wir lernen Deutsch.   Wir wollen Deutsch lernen.

Sie schläft heute lange.   Sie will heute lange schlafen.

1. Ich erkundige mich nach der Abfahrt des Zuges.   2. Du fährst ins Ausland.   3. Sprichst du
mit deinem Arzt?   4. Er lädt mich ein.   5. Ich besuche ihn.   6. Liest du diese Zeitung?
7. Gibt er dir das Buch bald zurück?   8. Nehmt ihr an dem Sprachkurs teil?   9. Verreist du?
10. Geht ihr zu Fuß oder fahrt ihr?   11. Nimmst du eine Tablette gegen Kopfschmerzen?
12. Wäschst du dir die Hände?   13. Sieht er sich den neuen Film an?   14. Siehst du dir den
neuen Film an?   15. Zieht ihr euch den Mantel aus?   16. Wir treffen uns vor dem Bahnhof.
17. Sie bittet ihn um Hilfe.   18. Sie hilft mir.   19. Hilft er ihr?   20. Wir hören jetzt auf.

10 müssen

Ich schreibe einen Brief.   Ich muss einen Brief schreiben.

Er fährt in die Stadt.   Er muss in die Stadt fahren.

Fährst du jetzt ab?   Musst du jetzt abfahren?

1. Ihr beeilt euch.   2. Der Kranke geht zum Arzt.   3. Die Sekretärin übersetzt den Text.
4. Fährst du täglich in die Stadt?   5. Ihr zieht euch einen Mantel an.   6. Er bereitet sich auf

die Prüfung vor.   **7.** Die Schüler ziehen sich nach dem Sport um.   **8.** Ich passe gut auf.   **9.** Du ruhst dich jetzt aus.   **10.** Er liest den Bericht.   **11.** Sie lernt Deutsch.   **12.** Bringst du den Wagen in die Werkstatt?   **13.** Geht ihr einkaufen?   **14.** Ich frage dich gleich etwas.   **15.** Wir fragen nach dem Weg.   **16.** Sie helfen uns.   **17.** Du bist hilfsbereit.   **18.** Wir sind immer pünktlich.   **19.** Beantragt ihr eine Aufenthaltserlaubnis?   **20.** Ich trinke jetzt etwas.

11 mögen

1. _____ du mich?   **2.** Ja, ich _____ dich.   **3.** _____ ihr

gern Apfelsinen?   **4.** Wir _____ sehr gern Obst.   **5.** Das _____ ich

nicht!   **6.** _____ ihr das?   **7.** _____ du das?   **8.** _____

Sie das?   **9.** Er _____ keine Süßigkeiten.   **10.** Meine Schwester _____

keine Gruselfilme.   **11.** Die Kinder _____ nicht allein zu Hause sein.   **12.** Was

_____ du lieber, Tee oder Kaffee?   **13.** Was _____ ihr lieber, einheimi-

sche Früchte oder Südfrüchte?   **14.** Was _____ Sie lieber, Saft oder Mineralwasser?

15. Den Winter _____ ich nicht.   **16.** Welche Jahreszeit _____ ihr am

liebsten?   **17.** Den Frühling _____ wir am liebsten.   **18.** _____ du

Fisch?   **19.** Ich _____ keinen Fisch.   **20.** Darüber _____ wir nicht

sprechen.   **21.** Das _____ sein.   **22.** _____ ihr diese Farbe?   **23.** Nein,

die Farbe _____ wir überhaupt nicht.   **24.** Er _____ Recht haben.

12 haben

1. Wir _____ eine neue Wohnung.   **2.** Ich _____ jetzt keine Zeit.

3. Gisela _____ einen Freund.   **4.** Michael _____ eine Freundin.

5. _____ ihr viele Freunde?   **6.** _____ du eine Schwester?

7. _____ ihr Geschwister?   **8.** Wir _____ täglich eine Stunde Deutsch.

9. Die Schüler _____ von acht bis zwölf Uhr Unterricht.   **10.** Mein Bruder

_____ einen guten Arbeitsplatz.   **11.** _____ du Hunger?

12. _____ ihr Durst?   **13.** _____ Sie Angst?   **14.** Ich _____

keine Angst. **15.** Wie viele Geschwister _____ er? **16.** _____ ihr viel

zu tun? **17.** _____ du viel zu tun? **18.** _____ Sie viel zu tun?

19. Wir _____ sehr nette Nachbarn. **20.** Ein Jahr ist lang; es _____

365 Tage. **21.** Wo _____ du deinen Reisepass? **22.** Wann _____ ihr

Urlaub? **23.** Wie lange _____ du Pause? **24.** _____ die Kinder Fe-

rien?

13 sein

1. Ich _____ müde. **2.** _____ du auch müde? **3.** Meine Eltern

_____ noch jung. **4.** Mein Freund _____ Italiener. **5.** Ihr

_____ fleißig. **6.** _____ ihr zufrieden? **7.** _____ Sie ver-

heiratet? **8.** Ich _____ noch ledig. **9.** Er _____ nicht mehr verhei-

ratet; er _____ geschieden. **10.** Es _____ sehr kalt hier.

11. _____ es hier warm genug? **12.** Wir _____ schon fertig.

13. _____ ihr auch fertig? **14.** _____ du auch schon fertig? **15.** Er

_____ aus England. **16.** Er _____ Engländer. **17.** _____

du aus Spanien? **18.** _____ sie Griechin? **19.** _____ Sie schon lange

hier? **20.** _____ Sie Studentin? **21.** Sie _____ Französin.

22. _____ das richtig? **23.** Alles _____ richtig. **24.** Das

_____ nicht schwer.

14 Was geschieht gerade?

der tropfende Wasserhahn   *Der Wasserhahn tropft.*
die wachsende Bevölkerung   *Die Bevölkerung wächst.*
das auslaufende Schiff   *Das Schiff läuft aus.*

1. das startende Flugzeug _____

2. das landende Flugzeug _____

3. die steigenden Preise _____

4. die blühenden Bäume _____

5. die aufgehende Sonne _____

6. die sinkende Temperatur _____

7. das spielende Kind _____

8. die schmerzende Wunde _____

9. der störende Lärm _____

10. die untergehende Sonne _____

11. der alternde Mensch _____

12. die brennende Kerze _____

13. die ankommenden Züge _____

14. die aussteigenden Passagiere _____

15. der aufheulende Motor _____

16. die funktionierende Zusammenarbeit _____

17. das schaukelnde Boot _____

18. der überzeugende Vorschlag _____

19. der anstrengende Tag _____

20. die auffallenden Farben _____

15 Welche Wörter gehören zusammen?

ich	—	mich	wir	—	uns
du	—	dich	ihr	—	euch
er/sie	—	sich	sie	—	sich

Die Kinder freuen sich.   *Ich freue mich.*
Du ärgerst dich.   *Er ärgert sich.*

1. Wir beschweren uns.   *Ihr* _____

2. Sie wundert sich.   *Du* _____

3. Ich bedanke mich.   *Sie* _____

4. Die Schüler bemühen sich.   *Ihr* _____

5. Du beeilst dich.   *Ich* _____

6. Ihr erkundigt euch.   *Wir* _____

7. Ich ruhe mich aus.   *Er* _____

8. Wir strengen uns an.   *Ihr* _____

9. Du siehst dich um.   *Wir* _____

10. Du ziehst dich um.   *Ihr* _____

11. Ich erhole mich.   *Du* _____

12. Ihr erkältet euch.   *Sie* _____

13. Ich bewerbe mich.   *Er* _____

14. Ihr erinnert euch.   *Ich* _____

15. Du entscheidest dich.   *Ihr* _____

16. Sie amüsieren sich.   *Ihr* _____

17. Ich äußere mich nicht.   *Er* _____

16 jetzt — vorher

Wir nehmen ein Taxi.   *Wir haben ein Taxi genommen.*

Er gibt uns Auskunft.   *Er hat uns Auskunft gegeben.*

1. Wann beginnt der Unterricht? **2.** Wir verabschieden uns. **3.** Ihr wartet auf uns. **4.** Ihr bezahlt die Rechnung. **5.** Wo steht denn dein Gepäck? **6.** Sie sucht ihren Pass. **7.** Wir beantragen eine Aufenthaltserlaubnis. **8.** Hilfst du deinen Eltern? **9.** Er schreibt mir oft. **10.** Liest du die Zeitung? **11.** Ich finde die Straße nicht. **12.** Lügt er? **13.** Du gewinnst das Spiel. **14.** Ich verliere das Spiel. **15.** Er schneidet sich in den Finger. **16.** Ich zerreiße den Faden. **17.** Ich werfe den Ball. **18.** Du fängst den Ball. **19.** Er vergisst nichts. **20.** Sie steckt den Brief in den Briefkasten.

17 jetzt — vorher

Wir fahren in die Stadt.   *Wir sind in die Stadt gefahren.*

Ich gehe zu Fuß.   *Ich bin zu Fuß gegangen.*

1. Er rennt zum Bahnhof. **2.** Wir schwimmen täglich. **3.** Springst du über den Graben? **4.** Sie läuft weg. **5.** Die Jungen klettern auf den Baum. **6.** Freitags gehen wir immer einkaufen. **7.** Im Urlaub fliegen wir nach Sizilien. **8.** Das Flugzeug landet. **9.** Das Auto rast über die Autobahn. **10.** Er kommt zu spät. **11.** Ihr steigt in den Zug. **12.** Ich steige aus dem Auto. **13.** Springt ihr ins Wasser? **14.** Fährst du nach Hause? **15.** Sie fällt ins Wasser. **16.** Er stürzt aus der Tür. **17.** Ich begegne meinem Freund Klaus auf der Straße. **18.** Wir bleiben drei Jahre im Ausland.

18 Was hast du getan?

Ich werfe den Abfall weg.   *Ich habe den Abfall weggeworfen.*

Ich pflücke den Apfel ab.   *Ich habe den Apfel abgepflückt.*

Ich fahre um 13 Uhr ab.   *Ich bin um 13 Uhr abgefahren.*

1. Ich schneide den Apfel durch. **2.** Ich breche den Zweig ab. **3.** Ich gieße die Flüssigkeit aus. **4.** Ich streiche das Wort durch. **5.** Ich schreibe den Text ab. **6.** Ich lese den Brief noch einmal durch. **7.** Ich gebe den Brief ab. **8.** Ich bringe den Brief weg. **9.** Ich klebe den Briefumschlag zu. **10.** Ich reiße den Faden durch. **11.** Ich hole meinen Freund ab. **12.** Ich sehe mir die Ausstellung an. **13.** Ich ruhe mich nach der Arbeit aus. **14.** Ich denke über das Problem nach. **15.** Ich nehme dir nichts weg. **16.** Ich trete in die Partei ein. **17.** Ich komme um 21 Uhr wieder. **18.** Ich komme spät an. **19.** Ich fange um 9 Uhr an. **20.** Ich höre um 16 Uhr auf.

19 Was hast du getan?

Ich suche in der Tageszeitung eine Stellenanzeige.

Ich habe in der Tageszeitung eine Stellenanzeige gesucht.

Ich bewerbe mich um eine Stelle als Facharbeiter.

Ich habe mich um eine Stelle als Facharbeiter beworben.

1. Ich schreibe meinen Lebenslauf.   2. Ich schicke meine Bewerbung mit meinem Lebenslauf und meinen Zeugnissen ab.   3. Ich bekomme einen Termin für ein Gespräch mit dem Personalleiter.   4. Ich mache einen Eignungstest.   5. Ich bestehe den Test.   6. Ich erhalte meine Einstellungspapiere.   7. Ich stelle mich den neuen Kollegen vor.   8. Ich sehe mir den neuen Betrieb an.   9. Ich gewöhne mich an meinen neuen Arbeitsplatz.   10. Ich suche mir eine Wohnung in der Nähe des Betriebes.   11. Ich interessiere mich für einen Fortbildungskurs.   12. Ich nehme an einem Fortbildungskurs teil.   13. Ich bereite mich auf die Abschlussprüfung vor.   14. Ich bringe meine Lohnsteuerkarte ins Lohnbüro.   15. Ich gebe meinen Terminwunsch für meinen Urlaub an.   16. Ich richte mir in einer Bank ein Konto ein.

20 Abgeschlossene Handlungen

Ich schaue durch das Fernrohr.

Ich habe durch das Fernrohr geschaut.

Ich schaue den Text noch einmal durch.

Ich habe den Text noch einmal durchgeschaut.

Ich durchschaue deine Absichten.

Ich habe deine Absichten durchschaut.

1. Wir stellen uns während des Regenschauers unter einen Baum.   2. Wir stellen das Gepäck bei unseren Freunden unter.   3. Er unterstellt mir Eigennutz.   4. Diesen Satz übersetze ich nicht wörtlich; ich umschreibe seine Bedeutung.   5. Ich schreibe den schwierigen Text um.   6. Wir übersetzen den Zeitungsartikel.   7. Die Fähre setzt uns von einem Ufer zum anderen über.   8. Sie ist mir böse und übergeht mich bei der Begrüßung.   9. Der Lehrer geht zu einem anderen Thema über.   10. Wir umfahren die Stadt auf der neuen Umgehungsstraße.   11. Der Autofahrer fährt das Verkehrsschild um.   12. Wir umgehen die Schwierigkeiten.   13. Wir gehen um den See.   14. Ich fülle die Kanne bis zum Rand voll.   15. Der Künstler vollendet das Werk nicht.   16. Ihr vollbringt eine große Tat.   17. Ich stelle die Möbel um.   18. Die Polizei umstellt das Gelände.   19. Die Leute stellen sich um den Redner.   20. Wir bauen unser altes Haus um.   21. Sie umbauen den Platz mit hohen Gebäuden.   22. Sie bauen um ihr Haus eine Mauer.

21 Abgeschlossene Handlungen

Ich laufe täglich fünf Kilometer.

Ich bin täglich fünf Kilometer gelaufen.

In dieser Stadt verlaufe ich mich oft.

In dieser Stadt habe ich mich oft verlaufen.

1. Ich spreche mit meinem Freund Englisch. **2.** Ich verspreche mich oft. **3.** Ich verspreche dir etwas. **4.** Ich schreibe einen Leserbrief an die Zeitung. **5.** Ich verschreibe mich nicht oft. **6.** Der Arzt verschreibt mir ein Medikament. **7.** Ich lerne in der Schule Französisch. **8.** Ich verlerne mein Englisch. **9.** Ich reise in den Süden. **10.** Ich verreise jedes Jahr. **11.** Ich heirate meinen Schulfreund. **12.** Ich treffe mich mit einer Italienerin. **13.** Ich trage das schwere Gepäck. **14.** Ich vertrage mich gut mit meinem Bruder. **15.** Ich vertrage dieses Klima nicht.

22 Gegenwart — Vergangenheit

ie → o

Er fliegt in seine Heimat.   *Er flog in seine Heimat.*

1. Sie gießt täglich die Blumen. **2.** Wir schieben unser Fahrrad bergauf. **3.** Wir schließen abends die Haustür ab. **4.** Die Blumen riechen wunderbar. **5.** Er verbietet seiner Tochter auszugehen. **6.** Sein Reisegepäck wiegt genau 20 Kilo. **7.** An der Kreuzung biegen wir nach links ab. **8.** Der Bach fließt durch ein hübsches Tal. **9.** Nach dem Sport ziehen wir uns um. **10.** Sie zieht sich warm an. **11.** Sie wiegt sich täglich. **12.** Er schießt ein Reh.

23 Gegenwart — Vergangenheit

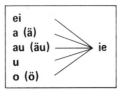
ei
a (ä)
au (äu) ——→ ie
u
o (ö)

Die Mutter ruft ihr Kind.   *Die Mutter rief ihr Kind.*

1. Wir laufen am Ufer entlang. **2.** Mein Freund lässt mich mit seinem Fahrrad fahren. **3.** Er beweist mir das Gegenteil. **4.** Meine Eltern halten ihr Versprechen. **5.** Der Zug hält an jeder kleinen Station. **6.** Jetzt heißt sie Müller. – Früher . . . . . sie Schulz. **7.** Wir reiben uns die kalten Hände. **8.** Der Sportler stößt die schwere Kugel. **9.** Die Kinder raten Rätsel. **10.** Sie bleibt drei Tage bei uns. **11.** Ihm gefällt das Geschenk nicht. **12.** Er schläft bis Mittag. **13.** Ich rufe jedes Wochenende meine Eltern an. **14.** Der Ball fällt ins Wasser. **15.** Wie heißt der Ort? **16.** Mir fällt nichts mehr ein.

24 Gegenwart — Vergangenheit

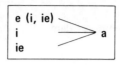

Sie liest Zeitung.

Er vergißt alles.

Wo liegen die Bücher?

Sie las Zeitung.

Er vergaß alles.

Wo lagen die Bücher?

1. Wir sehen ein Schiff am Horizont. **2.** Wir sitzen in einem bequemen Sessel. **3.** Die freundliche Dame gibt uns Auskunft. **4.** Die Kinder essen zu viele Süßigkeiten. **5.** Sie betritt leise das Krankenzimmer. **6.** Wir liegen auf dem Rasen. **7.** Auf dieser Schnellstraße geschehen viele Unfälle. **8.** Wir geben das ausgefüllte Formular zurück. **9.** Er bittet seinen Freund zu kommen. **10.** Er tritt in eine politische Partei ein. **11.** Sie vergisst nichts. **12.** Was geschieht dann? **13.** Sie bitten ihn um Rat. **14.** Er sitzt am Fenster und liest Zeitung.

25 Gegenwart — Vergangenheit

$$a \rightarrow u$$

Er fährt nach Hause.

Er fuhr nach Hause.

1. Diese Pflanzen wachsen schnell. **2.** Wir tragen das Paket zur Post. **3.** Sie waschen sich die Hände. **4.** Er schlägt einen Nagel in die Wand. **5.** Wir graben im Garten ein tiefes Loch. **6.** Der Sportler schlägt seinen Gegner. **7.** Er schlägt die Sahne steif. **8.** Sie schlägt vor Wut die Tür zu. **9.** Die Sache zerschlägt sich. **10.** Sie fahren im Urlaub oft Rad. **11.** Die Krankenschwester wäscht den Kranken. **12.** Sie wäscht sich die Haare. **13.** Er fährt nach Bayern. **14.** Der Reisende trägt den schweren Koffer.

26 Gegenwart — Vergangenheit

$$ei \rightarrow i$$

Der Hund beißt ihn.

Der Hund reißt an seiner Kette.

Der Hund biss ihn.

Der Hund riss an seiner Kette.

1. Er schneidet. **2.** Wir streiten uns. **3.** Sie pfeifen ein Lied. **4.** Sie zerreißt den Brief. **5.** Wir reiten auf einem Esel. **6.** Er leidet an einer schweren Krankheit. **7.** Wir schmeißen den Rest weg. **8.** Sie begreift das nicht. **9.** Das Kind greift nach meiner Hand. **10.** Er streicht alles wieder durch.

Sie schreibt ihrem Freund aus dem Urlaub.

Sie schrieb ihrem Freund aus dem Urlaub.

Sie bleiben zwei Jahre hier.

Sie blieben zwei Jahre hier.

11. Sie bleibt drei Wochen an der Ostsee. **12.** Die Sonne scheint den ganzen Tag. **13.** Er scheint krank zu sein. **14.** Der Mond scheint wunderschön. **15.** Sie schreit um Hilfe. **16.** Er schreit vor Schmerzen. **17.** Die Fahrgäste steigen in den Bus. **18.** Alle steigen in den Zug ein. **19.** Alle schweigen. **20.** Er schweigt den ganzen Abend. **21.** Er leiht ihr den Roman. **22.** Sie leihen uns oft Bücher. **23.** Er verzeiht mir. **24.** Er verschweigt die Hauptsache. **25.** Sie reiben sich vor Freude die Hände. **26.** Wie heißt das Buch?

27 Vermutungen

Gehst du ins Kino?

Ja, ich werde wohl ins Kino gehen.

Hilft er seinem Vater?

Ja, er wird wohl seinem Vater helfen.

Müsst ihr noch lange warten?

Ja, wir werden wohl noch lange warten müssen.

1. Fährst du an die Ostsee? **2.** Besucht ihr eure Verwandten? **3.** Lädt sie ihren Freund ein? **4.** Besichtigen sie die Stadt? **5.** Bereitet er sich schon auf die Prüfung vor? **6.** Siehst du dir den neuen Film an? **7.** Müsst ihr euch eine neue Wohnung suchen? **8.** Bewirbst du dich um den Arbeitsplatz? **9.** Treibt er im Urlaub Sport? **10.** Müsst ihr eure Freunde vom Flughafen abholen? **11.** Kauft er sich einen gebrauchten Wagen? **12.** Bleiben sie am Wochenende zu Hause? **13.** Lässt du dich vor der Reise ärztlich untersuchen? **14.** Nimmt er dich in seinem Wagen mit? **15.** Musst du eine Arbeitserlaubnis beantragen?

28 Was muss getan werden?

Kartoffeln schälen

Kartoffeln müssen geschält werden.

Obst auspressen

Obst muss ausgepresst werden.

1. Gemüse putzen _____

2. Gärten pflegen _____

3. Wände streichen _____

4. Wäsche waschen _____

5. Wäsche bügeln _____

6. Messer schleifen _____

7. Bleistifte anspitzen _____

8. Maschinen ölen _____

9. Vokabeln lernen _____

10. Wörter erklären _____

11. Fehler korrigieren _____

12. Bedingungen erfüllen _____

13. Versprechen halten _____

14. Schrauben festziehen _____

15. Vertragsbedingungen einhalten _____

16. Regeln beachten _____

17. Schwierigkeiten bewältigen _____

18. Gefahren vermeiden _____

29 Was konnte nicht getan werden?

Er war nicht zu überzeugen.

Die Kundin war nicht zufrieden
zu stellen.

Er konnte nicht überzeugt werden.

*Die Kundin konnte nicht zufrieden
gestellt werden.*

1. Ihr wart nicht zu überreden.   **2.** Die Kinder waren nicht zu beruhigen.   **3.** Das Fenster war
nicht zu öffnen.   **4.** Die Türen waren nicht zu schließen.   **5.** Der Gegner war nicht zu besiegen.
6. Die Mannschaft war nicht zu schlagen.   **7.** Der Krankheitserreger war nicht zu entdecken.
8. Vor 20 Jahren war diese Krankheit noch nicht zu heilen.   **9.** Das Problem war nicht zu
lösen.   **10.** Der Fehler war nicht zu übersehen.   **11.** Der Vorwurf war nicht zu überhören.
12. Er war nicht mehr zu retten.   **13.** Sie waren nicht aus der Ruhe zu bringen.   **14.** Der Mo-
tor war nicht mehr zu reparieren.   **15.** Das Werkzeug war nicht mehr zu gebrauchen.
16. Einige Sätze waren nicht wörtlich zu übersetzen.

30 Was wird in diesen Betrieben gemacht?

In einem Kraftwerk erzeugt man Elektrizität.

In einem Kraftwerk wird Elektrizität erzeugt.

In einer Raffinerie reinigt man Rohstoffe.

In einer Raffinerie werden Rohstoffe gereinigt.

1. In einem Hochofen erzeugt man Roheisen. **2.** In einem Bergwerk fördert man Kohle. **3.** In einem Sägewerk schneidet man Holz. **4.** Auf einer Werft baut man Schiffe. **5.** In einer Tischlerei stellt man Möbel her. **6.** In einer Weberei webt man Stoffe. **7.** In einer Töpferei töpfert man Keramik. **8.** In einem Atelier schafft man Kunstwerke. **9.** In einem Verlag verlegt man Bücher und Zeitungen. **10.** In einer Brauerei braut man Bier. **11.** In einer Molkerei stellt man Milchprodukte her. **12.** In einer Mühle mahlt man Getreide und Gewürze. **13.** In einer Gärtnerei zieht man Pflanzen. **14.** In einer Wäscherei reinigt man Wäsche. **15.** In einem Lederwarengeschäft verkauft man Lederwaren. **16.** Auf einem Bauernhof erzeugt man landwirtschaftliche Produkte. **17.** In einer Buchhandlung bietet man Bücher zum Verkauf an. **18.** In einer Bibliothek leiht man Bücher aus.

31 Was ist gemacht worden?

Das Angebot wird von ihm abgelehnt.

Das Angebot ist von ihm abgelehnt worden.

Ich werde jedes Jahr einmal gründlich untersucht.

Ich bin jedes Jahr einmal gründlich untersucht worden.

1. Er wird vom Flughafen abgeholt. **2.** Wir werden von unseren Freunden eingeladen. **3.** Werdet ihr mit dem Auto zur Bahn gebracht? **4.** Wirst du informiert? **5.** Werdet ihr in eure neue Arbeit eingewiesen? **6.** Die Unkosten werden uns erstattet. **7.** Wir werden von unseren Eltern unterstützt. **8.** Ich werde von ihm dauernd ausgefragt. **9.** Der Angeklagte wird vernommen. **10.** Die Kinder werden im Kinderheim gut versorgt. **11.** Diese Zeitschrift wird von vielen gelesen. **12.** Er wird zu drei Jahren Gefängnis verurteilt. **13.** Sie wird freigesprochen. **14.** Der Täter wird verhaftet. **15.** Ich werde aus dem Krankenhaus entlassen. **16.** Wirst du oft von ihr angerufen? **17.** Die Rechnung wird bezahlt. **18.** Ich werde in Frankreich ausgebildet. **19.** Der Brief wird übersetzt. **20.** Das Untersuchungsergebnis wird uns zugeschickt.

32 Was sage ich, wenn ich mit etwas fertig bin?

Ich spitze den Bleistift an.

Der Bleistift ist jetzt angespitzt.

Ich schalte die Maschine aus.

Die Maschine ist jetzt ausgeschaltet.

1. Ich bereite das Essen vor. **2.** Ich räume die Wohnung aus. **3.** Ich unterschreibe den Vertrag. **4.** Ich richte meine Wohnung ein. **5.** Ich zahle das Geld ein. **6.** Ich hebe das Geld ab. **7.** Ich schließe die Tür zu. **8.** Ich schalte den Apparat ein. **9.** Ich reiße das Band durch.

10. Ich ziehe den Wecker auf.   11. Ich fülle die Formulare aus.   12. Ich räume den Keller auf.
13. Ich messe die Räume aus.   14. Ich wasche das Geschirr ab.   15. Ich spüle die Gefäße aus.
16. Ich hebe die Papiere gut auf.

33 Aufforderungen — Befehle

Du sollst gehen!	*Geh!*
Du sollst hier bleiben!	*Bleib hier!*
Du sollst kommen!	*Komm!*
Du sollst mitkommen!	*Komm mit!*
Du sollst lesen!	*Lies!*

1. Du sollst das nehmen! _____

2. Du sollst mir das geben! _____

3. Du sollst hersehen! _____

4. Du sollst weiterlesen! _____

5. Du sollst mir helfen! _____

6. Du sollst nichts vergessen! _____

7. Du sollst das Zimmer ausmessen! _____

8. Du sollst anfangen! _____

9. Du sollst aufhören! _____

10. Du sollst nicht einschlafen! _____

11. Du sollst dort nicht hinsehen! _____

12. Du sollst nicht so laut sprechen! _____

13. Du sollst dich nicht vordrängeln! _____

14. Du sollst dich nicht überanstrengen! _____

15. Du sollst dich vorbereiten! _____

16. Du sollst dich nicht beunruhigen! _____

17. Du sollst dich nicht beklagen! _____

18. Du sollst dich nicht ärgern! _____

19. Du sollst dich nicht aufregen!

20. Du sollst dir keine Sorgen machen!

Bitte übe die Beispiele auch mit „ihr" und „Sie". — Bitte üben Sie die Beispiele auch mit „ihr" und „Sie".

34 Aufforderungen — Befehle

Du sollst still sein.   *Sei still!*
Ihr sollt vorsichtig sein.   *Seid vorsichtig!*
Sie sollen gerecht sein.   *Seien Sie gerecht!*

  1. Du sollst vernünftig sein.

  2. Du sollst pünktlich sein.

  3. Du sollst höflich sein.

  4. Du sollst nicht so laut sein.

  5. Du sollst nicht so vorlaut sein.

  6. Ihr sollt freundlich sein.

  7. Ihr sollt nicht so unfreundlich sein.

  8. Ihr sollt zufrieden sein.

  9. Ihr sollt nicht so unzufrieden sein.

10. Ihr sollt nicht so albern sein.

11. Ihr sollt aufmerksamer sein.

12. Ihr sollt umsichtiger sein.

13. Ihr sollt freundlicher sein.

14. Sie sollen vorsichtig sein.

15. Sie sollen vorsichtiger sein.

16. Sie sollen ruhig sein.

17. Sie sollen nicht so ängstlich sein.

18. Sie sollen rücksichtsvoller sein.

19. Sie sollen nicht immer so unpünktlich sein. _____

20. Du sollst nicht so rücksichtslos sein. _____

35 Ratschläge — Befehle

sich nicht über alles aufregen

Reg dich nicht über alles auf!
Regen Sie sich nicht über alles auf!

sich Mühe geben

Gib dir Mühe! Geben Sie sich Mühe!

1. sich nicht überreden lassen **2.** sich auf das Examen vorbereiten **3.** sich nach der Abfahrt des Zuges erkundigen **4.** sich von der Anstrengung erholen **5.** sich nicht über andere Menschen lustig machen **6.** sich nach der Arbeit ausruhen **7.** sich nach dem Sport umziehen **8.** sich dem neuen Betriebsleiter vorstellen **9.** sich mit den Kollegen einigen **10.** sich an der Diskussion beteiligen **11.** sich über den Erfolg freuen **12.** sich nicht über alles ärgern **13.** sich nicht beeinflussen lassen **14.** sich um den Arbeitsplatz bewerben **15.** sich für eine Berufsausbildung entscheiden **16.** sich anstrengen **17.** sich beeilen **18.** sich nicht umsehen

36 Hier kann man auf zwei verschiedene Weisen berichten.

Er riet mir: „Nimm das Medikament täglich!"

Er riet mir, das Medikament täglich zu nehmen.

Er versprach ihr: „Ich begleite dich."

Er versprach ihr, sie zu begleiten.

Sie bat ihn: „Komm bald wieder!"

Sie bat ihn, bald wiederzukommen.

1. Wir forderten sie auf: „Wartet hier!" **2.** Er riet ihm: „Hilf ihr!" **3.** Ich bat ihn: „Bleib doch noch hier!" **4.** Er hat uns gedroht: „Ich bezahle die Rechnung nicht." **5.** Er forderte mich auf: „Setz dich hin!" **6.** Du hast ihm empfohlen: „Biegen Sie an der nächsten Kreuzung rechts ab." **7.** Ich versprach dir: „Ich komme bald wieder." **8.** Sie riefen mir zu: „Pass auf!" **9.** Er befahl uns: „Geht weiter!" **10.** Ich schlug ihnen vor: „Verbringt doch euren Urlaub einmal zu Hause!" **11.** Sie verlangte von ihm: „Ruf mich täglich an!" **12.** Er empfahl mir: „Biete ihr deine Hilfe an!" **13.** Sie bat ihn: „Lies mir deinen Aufsatz vor!" **14.** Du hast mir geraten: „Achte mehr auf deine Gesundheit!" **15.** Er verlangte von ihm: „Melde dich nach deiner Ankunft!" **16.** Ihr habt mir geraten: „Iss mehr Obst!"

37 Zwei Möglichkeiten, etwas mitzuteilen

Sie sagte: „Ich schwimme gern."

Sie sagte, dass sie gern schwimme.

Er erzählte mir: „Mein Freund fährt jedes Wochenende an die See."

Er erzählte mir, dass sein Freund jedes Wochenende an die See fahre.

Du schriebst mir: „Ich bin in meinem Beruf sehr zufrieden."

Du schriebst mir, dass du in deinem Beruf sehr zufrieden seist.

1. Er versprach mir: „Ich komme bald." **2.** Sie informierten mich: „Dieser Zug fährt sonntags nicht." **3.** Ich versicherte ihm: „Diese Ausbildung ist für dich bestimmt die beste." **4.** Er schrieb mir: „In Hamburg regnet es oft." **5.** Sie schrieb uns: „Ich bin nun wieder gesund." **6.** Sie erzählte mir: „Vor meiner Entlassung aus dem Krankenhaus werde ich noch einmal gründlich untersucht." **7.** Du sagtest mir: „Ich werde von meinen Freunden abgeholt." **8.** Er teilte mir mit: „Ich helfe Ihnen gern in dieser Angelegenheit." **9.** Ich schrieb ihm: „Du musst mir dringend helfen!" **10.** Sie erzählte mir: „Ich will im nächsten Jahr eine Südamerika-Reise machen." **11.** Er gab bekannt: „Der Unterricht fängt ab sofort erst um 10 Uhr an!" **12.** Sie informierten uns: „Der Bus fährt nicht um 8.30 Uhr, sondern schon um 7.45 Uhr ab." **13.** Sie schrieb ihm: „Ich kann schon gut Deutsch sprechen." **14.** Er schrieb mir: „Mein Freund spricht schon gut Deutsch."

38 Wie wäre es, wenn ...? — Wie wäre es, wenn ... nicht ...?

Er treibt nicht regelmäßig Sport. Er bleibt nicht leistungsfähig.

Wenn er regelmäßig Sport treiben würde, bliebe er leistungsfähig. (oder: würde ... bleiben.)

Ihr raucht. Es geht euch schlecht.

Wenn ihr nicht rauchen würdet, ginge es euch gut. (oder: würde ... gut gehen.)

1. Er spricht nicht deutlich. Man versteht ihn nicht. **2.** Die Sonne scheint nicht. Wir gehen nicht spazieren. **3.** Du sprichst weder Englisch noch Französisch. Du bekommst keine Arbeitsangebote. **4.** Wir beeilen uns nicht. Wir erreichen den Zug nicht mehr. **5.** Du kommst nicht rechtzeitig. Du hast nicht die Möglichkeit, meinen portugiesischen Freund kennen zu lernen. **6.** Ich mache Überstunden. Ich gehe selten ins Theater. **7.** Du liest nicht täglich die Zeitung. Du bist nicht informiert. **8.** Ihr sprecht die Landessprache nicht. Ihr findet im Ausland nicht schnell Anschluss. **9.** Sie zeigen kein Interesse für meine Heimat. Ich zeige ihnen keine Bilder. **10.** Es gibt keine guten Verkehrsverbindungen. Ich fahre mit meinem Wagen.

39 Heißt es „ein" oder „eine"?

der	→	ein
die	→	eine
das	→	ein

der Mann   *ein Mann*

die Frau   *eine Frau*

das Kind   *ein Kind*

1. der Mensch   _____

2. die Person   _____

3. der Junge   _____

4. das Mädchen   _____

5. die Freundin   _____

6. der Freund   _____

7. der Nachbar   _____

8. die Nachbarin   _____

9. die Kollegin   _____

10. der Kollege   _____

11. der Schüler   _____

12. der Lehrer   _____

13. die Schülerin   _____

14. die Lehrerin   _____

15. die Ärztin   _____

16. die Zahnärztin   _____

17. der Arzt   _____

18. der Zahnarzt   _____

19. der Gast   _____

20. die Hausfrau   _____

der Brief	*ein Brief*
die Zeitung	*eine Zeitung*
das Buch	*ein Buch*

21. das Heft _____

22. der Kugelschreiber _____

23. der Bleistift _____

24. der Füller _____

25. das Dokument _____

26. der Pass _____

27. die Brieftasche _____

28. das Portemonnaie _____

29. die Fahrkarte _____

30. der Ausweis _____

31. das Zeugnis _____

32. der Führerschein _____

33. die Bescheinigung _____

34. das Formular _____

35. das Visum _____

36. der Geldschein _____

37. das Geldstück _____

38. die Zahnbürste _____

39. das Stück Seife _____

40. das Handtuch _____

40 Diese Dinge sind klein.

```
┌─────────────┐   ┌─────────────┐
│ der         │   │ a  →  ä     │
│ die  ──┐    │   │ o  →  ö     │
│        ├─ das│   │ u  →  ü     │
│ das  ──┘    │   │             │
└─────────────┘   └─────────────┘
```

der kleine Brief	*das Briefchen*
der kleine Stuhl	*das Stühlchen*
die kleine Tür	*das Türchen*
die kleine Kette	*das Kettchen*
das kleine Fenster	*das Fensterchen*
das kleine Glas	*das Gläschen*

1. der kleine Tisch _____

2. das kleine Stück _____

3. das kleine Tier _____

4. die kleine Schüssel _____

5. der kleine Schlüssel _____

6. der kleine Finger _____

7. die kleine Hand _____

8. der kleine Fuß _____

9. das kleine Haus _____

10. der kleine Baum _____

11. der kleine Strauß _____

12. die kleine Blume _____

13. die kleine Rose _____

14. die kleine Nase _____

15. der kleine Hase _____

16. die kleine Hose _____

17. die kleine Flasche _____

18. die kleine Tasse _____

41 Hier soll „derselbe" . . ., „dieselbe" . . ., „dasselbe" . . . eingesetzt werden.

1. Mein Freund wohnt in _____ Haus wie ich. 2. Ich komme aus

_____ Stadt wie mein Lehrer. 3. Mein Bruder und ich arbeiten in

_____ Firma. 4. Mein Nachbar und ich nehmen morgens _____

Bus. 5. Meine Schwester und ich besuchen _____ Sprachkurs. 6. Er kommt

aus _____ Gegend wie ich. 7. Wir fahren immer an _____ Ur-

laubsort. 8. Bist du mit _____ Zug gefahren wie ich? 9. Bist du an

_____ Station ausgestiegen? 10. Beide fuhren nach Berlin; sie hatten

_____ Ziel. 11. Hast du wieder mit _____ Beamten gespro-

chen? 12. Mit unseren Nachbarn haben wir immer wieder _____ Ärger.

13. Beide schwärmen für _____ Mädchen. 14. Du erzählst mir immer

_____ . 15. Wir haben zu verschiedenen Zeiten Unterricht, aber bei

_____ Lehrerin. 16. Liest du nie Liebesromane? — Nein, das ist ja doch immer

_____ . 17. Wir haben schon einige Reiseprospekte; wir lassen uns aber noch

einige andere von _____ Ländern geben. 18. Das ist ein Wagen

_____ Typs. 19. Warum hast du immer _____ an? 20. Ich

arbeite unter genau _____ Bedingungen wie du.

**42 Diese Wörter kann man zusammensetzen. Man muss auf „der", „die",
„das" achten.**

das Haus; der Eingang	*der Hauseingang*
der Tisch; die Lampe	*die Tischlampe*
die Lebensmittel; das Geschäft	*das Lebensmittelgeschäft*

1. die Reise; die Tasche _____

2. das Leder; der Koffer _____

3. das Werkzeug; der Kasten _____

4. die Energie; die Versorgung _____

5. die Last; der Wagen   _____

6. der Unfall; die Versicherung   _____

7. der Stahl; die Industrie   _____

8. der Abschluss; das Zeugnis   _____

9. der Abschluss; die Prüfung   _____

10. der Garten; der Zaun   _____

11. der Kaffee; die Tasse   _____

12. der Wein; das Glas   _____

13. der Vogel; das Nest   _____

14. das Buch; der Umschlag   _____

15. die Bücher; das Regal   _____

16. die Blumen; der Strauß   _____

17. das Personal; die Abteilung   _____

18. die Kleider; der Schrank   _____

19. die Bilder; der Rahmen   _____

20. die Stadt; das Zentrum   _____

43 Diese Wörter kann man zusammensetzen.

schreiben; der Tisch   *der Schreibtisch*

lesen; das Buch   *das Lesebuch*

1. nähen; die Maschine   _____

2. stricken; die Nadel   _____

3. kochen; das Buch   _____

4. fahren; das Rad   _____

5. schlafen; das Zimmer   _____

6. parken; der Platz   _____

7. schreiben; die Maschine _____

8. wohnen; das Zimmer _____

9. schwimmen; das Bad _____

10. waschen; die Maschine _____

11. fahren; die Schule _____

12. gehen; der Weg _____

13. schimpfen; das Wort _____

14. sitzen; der Platz _____

15. baden; das Zimmer _____

16. warten; der Raum _____

17. halten; die Stelle _____

18. stehen; der Platz _____

19. lesen; die Lampe _____

20. reisen; die Tasche _____

44 Diese Wörter kann man zusammensetzen.

schwarz; das Brot   *das Schwarzbrot*
rot; der Wein   *der Rotwein*
blau; die Beere   *die Blaubeere*

1. weiß; der Kohl _____

2. bunt; das Papier _____

3. groß; die Stadt _____

4. klein; die Stadt _____

5. kurz; die Geschichte _____

6. glatt; das Eis _____

7. laut; der Sprecher _____

8. schnell; der Zug _____

9. schnell; der Imbiss _____

10. weiß; das Brot _____

11. weiß; der Wein _____

12. alt; der Bau _____

13. hoch; das Haus _____

14. tief; die Garage _____

15. frei; das Bad _____

16. grün; die Anlage _____

17. schwer; der Punkt _____

18. frei; die Karte _____

45 Diese Wörter kann man zusammensetzen. Sie werden durch ein „s" verbunden.

A. die Arbeit

das Amt *das Arbeitsamt*

1. der Platz _____

2. die Kleidung _____

3. der Markt _____

4. der Tag _____

5. die Zeit _____

6. das Tempo _____

7. der Unfall _____

8. der Lohn _____

9. aber: der Arbeitnehmer, der Arbeitgeber

B. Weihnachten

der Baum   *der Weihnachtsbaum*

1. das Geschenk   _____

2. die Feier   _____

3. der Abend   _____

4. der Mann   _____

5. das Lied   _____

6. die Stimmung   _____

7. die Kerzen   _____

8. die Überraschung _____

9. die Vorbereitungen _____

46 Diese Wörter kann man zusammensetzen. Sie werden durch ein „s" verbunden.

die Untersuchung; das Ergebnis   *das Untersuchungsergebnis*

1. die Belastung; die Probe   _____

2. die Leistung; der Test   _____

3. die Gesellschaft; die Kritik   _____

4. die Wirtschaft; die Krise   _____

5. die Versicherung; die Pflicht _____

6. die Gewerkschaft; das Mitglied _____

7. die Gemeinschaft; die Arbeit   _____

8. die Gerechtigkeit; der Sinn   _____

9. die Schönheit; das Ideal   _____

10. die Schwierigkeit; der Grad   _____

11. der Durchschnitt; das Alter   _____

12. die Belastung; die Fähigkeit _____

13. die Geschwindigkeit; die Begrenzung _____

14. die Staatsangehörigkeit; der Nachweis _____

15. die Bildung; die Möglichkeiten _____

16. die Prüfung; die Angst _____

17. die Regierung; die Bildung _____

18. die Forschung; das Institut _____

19. die Krankheit; der Erreger _____

20. die Ansteckung; die Gefahr _____

47 Gegenstand und Material. Woraus sind die Gegenstände?

die Metallkugel — *Die Kugel ist aus Metall.*
das Kupfergefäß — *Das Gefäß ist aus Kupfer.*
der Silberring — *Der Ring ist aus Silber.*

1. die Goldkette _____

2. das Stahlbesteck _____

3. das Eisentor _____

4. die Steinbrücke _____

5. die Holzbank _____

6. der Lederkoffer _____

7. der Tonkrug _____

8. die Porzellanvase _____

9. die Plastiktüte _____

10. der Gummimantel _____

11. die Wollmütze _____

12. die Seidenbluse _____

48 Eine Sache — mehrere Sachen; eine Person — mehrere Personen

| der Bauer | *die Bauern* |
| die Nadel | *die Nadeln* |

1. die Kugel _____

2. die Steuer _____

3. die Mauer _____

4. die Kartoffel _____

5. der Pantoffel _____

6. die Gabel _____

7. die Schüssel _____

8. die Schachtel _____

9. der Muskel _____

10. die Leiter _____

11. die Ampel _____

12. die Zwiebel _____

13. die Regel _____

14. die Faser _____

15. die Waffel _____

16. die Kachel _____

17. die Nudel _____

18. die Feier _____

| das Kind | *die Kinder* |
| der Geist | *die Geister* |

19. das Gesicht _____

20. das Bild _____

21. das Ei _____

22. das Kleid   _____

23. das Licht   _____

24. das Lied   _____

25. das Nest   _____

26. das Feld   _____

27. das Glied   _____

28. das Schild   _____

29. das Weib   _____

30. das Geld   _____

31. das Brett   _____

32. das Geschlecht   _____

33. das Gespenst   _____

34. das Rind   _____

35. der Leib   _____

36. das Vorbild   _____

49 Eine Sache — mehrere Sachen

a	→	ä
o	→	ö
u	→	ü

die Hand   *die Hände*
der Hof   *die Höfe*
der Zug   *die Züge*

1. der Fuß   _____

2. der Zahn   _____

3. der Ausflug   _____

4. der Lohn   _____

5. der Sturm _____

6. der Strand _____

7. der Turm _____

8. die Wand _____

9. der Sohn _____

10. der Baum _____

11. der Arzt _____

12. der Gruß _____

13. der Traum _____

14. der Bahnhof _____

15. der Raum _____

16. der Gast _____

17. der Satz _____

18. die Stadt _____

19. der Flug _____

20. der Ast _____

50 Eine Sache — mehrere Sachen

a → ä

der Faden   *die Fäden*

die Nacht   *die Nächte*

das Glas   *die Gläser*

1. das Gras _____

2. die Naht _____

3. der Draht _____

4. der Hahn _____

36

5. der Schnabel   _____

6. die Gans   _____

7. das Kalb   _____

8. das Lamm   _____

9. der Laden   _____

10. das Bad   _____

11. das Rad   _____

12. das Grab   _____

13. der Gang   _____

14. der Gast   _____

15. das Blatt   _____

16. der Mantel   _____

17. der Zahn   _____

18. der Ast   _____

19. der Schrank   _____

20. der Bach   _____

51 Wen fragst du? — Wen fragen Sie?

der	→	den
die	→	die
das	→	das

der Mann   *Ich frage den Mann.*
die Dame   *Ich frage die Dame.*
das Mädchen   *Ich frage das Mädchen.*

  1. das Kind _____

  2. der Autofahrer _____

  3. der Schüler _____

  4. der Kellner _____

  5. der Verkäufer _____

  6. der Fahrgast _____

  7. der Herr _____

  8. der Junge _____

  9. der Nachbar _____

10. der Kollege _____

11. der Polizist _____

12. die Verkäuferin _____

13. die Kellnerin _____

14. die Passantin _____

15. der Schaffner _____

52 Wem hast du etwas bezahlt (gegeben, geschenkt)? — Wem haben Sie etwas bezahlt (gegeben, geschenkt)?

der	→	dem
die	→	der
das	→	dem

der Handwerker   *Ich habe dem Handwerker die Rechnung bezahlt.*

die Verkäuferin   *Ich habe der Verkäuferin das Geld gegeben.*

das Kind   *Ich habe dem Kind ein Bilderbuch geschenkt.*

1. der Ausländer   Ich habe _____ den Weg gezeigt.

2. die Schülerin   Ich habe _____ die Aufgabe erklärt.

3. der Großvater   Ich habe _____ die Zeitung gebracht.

4. der Schüler   Ich habe _____ geholfen.

5. der Prüfer   Ich habe _____ die Frage beantwortet.

6. der Nachfolger   Ich habe _____ die Schlüssel übergeben.

7. der Personalchef   Ich habe _____ meine Bewerbung geschickt.

8. die Sekretärin   Ich habe _____ den Brief diktiert.

9. der Kollege   Ich habe _____ meinen Namen buchstabiert.

10. der Nachbar   Ich habe _____ eine Postkarte geschickt.

11. die Freundin   Ich habe _____ die Reiseroute beschrieben.

12. der Bruder   Ich habe _____ die Wahrheit gesagt.

53 Bei wem hast du dich entschuldigt? — Bei wem haben Sie sich entschuldigt?

$$\begin{array}{rcl} der & \to & dem \\ die & \to & der \\ das & \to & dem \end{array}$$

der Lehrer	*Ich habe mich bei dem Lehrer entschuldigt.*
die Lehrerin	*Ich habe mich bei der Lehrerin entschuldigt.*
das Kind	*Ich habe mich bei dem Kind entschuldigt.*

1. das Mädchen   2. die Ärztin   3. der Arzt   4. die Krankenschwester   5. der Chef   6. der Mitarbeiter   7. der Betriebsleiter   8. der Passant   9. der Kunde   10. der Freund   11. die Freundin   12. die Dame   13. der Herr   14. der Fremde   15. der Kollege   16. der Nachbar 17. der Gast   18. die Kundin

54 Wem hast du geantwortet? — Wem haben Sie geantwortet?

der ..... → dem ...(e)n

der Herr	*Ich habe dem Herrn geantwortet.*
der Junge	*Ich habe dem Jungen geantwortet.*
der Student	*Ich habe dem Studenten geantwortet.*

1. der Nachbar _____

2. der Kunde _____

3. der Beamte _____

4. der Angestellte _____

5. der Bekannte _____

6. der Verwandte _____

7. der Kollege _____

8. der Zeuge _____

9. der Fremde _____

10. der Unbekannte _____

11. der Polizist _____

12. der Assistent _____

13. der Patient _____

14. der Kranke _____

15. der Passant _____

55 Wie heißt der zweite Satz?

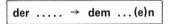

der ..... → dem ...(e)n

Der Herr fragt mich nach dem Weg.
(Auskunft geben)

Ich gebe dem Herrn Auskunft.

Der Student kennt unsere Stadt
noch nicht. (zeigen)

Wir zeigen dem Studenten unsere Stadt.

1. Der Angestellte gibt mir ein Formular. (das ausgefüllte Formular zurückgeben)   **2.** Der Nachbar besucht mich. (eine Tasse Tee anbieten)   **3.** Der Beamte kontrolliert meinen Pass. (die Fragen beantworten)   **4.** Der Kollege bittet mich um Rat. (einen Rat geben)   **5.** Der Polizist zeigt uns den Weg. (danken)   **6.** Der Junge fragt mich. (antworten)   **7.** Der Bekannte bittet mich um Hilfe. (helfen)   **8.** Der Verwandte bittet mich um Nachricht. (Nachricht geben).   **9.** Der Bote bringt ein Eilpaket. (Trinkgeld geben)   **10.** Der Dirigent ist berühmt. (applaudieren)   **11.** Der Präsident hält eine Rede. (zuhören)   **12.** Der Fremde hat kein Kleingeld für den Bus. (zwei Mark schenken)

56 Eine Person — mehrere Personen; eine Sache — mehrere Sachen

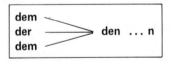

dem
der   den ... n
dem

Ich zeige dem Ausländer die Stadt.

Ich zeige den Ausländern die Stadt.

1. Sie schenkt dem Kind Spielzeug.   **2.** Er reicht dem Gast die Hand.   **3.** Der Lehrer gibt dem Schüler einen Text.   **4.** Der Vater verspricht dem Sohn höheres Taschengeld.   **5.** Wir sind der Nachbarin auf der Straße begegnet.   **6.** Der Gast dankt dem Gastgeber.   **7.** Dieses Motorrad gefällt dem Jugendlichen.   **8.** Wir helfen dem Kollegen.   **9.** Diese Bücher gehören dem Lehrer.
10. Ich gratuliere dem Sieger.   **11.** Das Publikum hört dem Redner zu.   **12.** Sie gibt der Pflanze täglich Wasser. **13.** Der starke Regen schadet der Rose.   **14.** Wir sehen dem Artisten zu.
15. Ich wünsche dem Geburtstagskind viel Glück.   **16.** Der Arzt verschreibt dem Patienten Medikamente.   **17.** Die Krankenschwester gibt der Patientin Tabletten.   **18.** Der Architekt händigt dem Ehepaar die Schlüssel aus.

57 Daraus mache ich mir nichts

das moderne Kleid

Aus modernen Kleidern mache ich mir nichts. —
Ich mache mir nichts aus modernen Klei-
dern.

das schnelle Auto

Aus schnellen Autos mache ich mir nichts. —
Ich mache mir nichts aus schnellen Autos.

1. die elegante Wohnung   2. die große Stadt   3. der hohe Berg   4. das alte Schloss   5. der gepflegte Park   6. der überfüllte Strand   7. die einsame Gegend   8. das laute Fest   9. die weite Reise   10. das teure Restaurant   11. der lange Spaziergang   12. das alte Buch
13. die politische Rede   14. die anstrengende Besichtigung   15. das gefährliche Abenteuer
16. der historische Roman   17. die sportliche Veranstaltung   18. der spannende Krimi

58 Wohin gehst du? — Wohin gehen Sie?

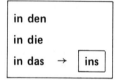

der	→	den
die	→	die
das	→	das

in den		
in die		
in das	→	ins

der Garten   *Ich gehe in den Garten.*

die Schule   *Ich gehe in die Schule.*

das Haus   *Ich gehe ins Haus.*

1. das Restaurant   _____

2. die Buchhandlung   _____

3. das Zimmer   _____

4. die Küche   _____

5. der Keller   _____

6. der Flur   _____

7. der Korridor   _____

8. das Büro   _____

9. das Badezimmer   _____

10. das Kino   _____

11. die Bücherei _____

12. das Geschäft _____

13. der Laden _____

14. der Park _____

15. das Kaufhaus _____

16. die Firma _____

17. der Betrieb _____

18. die Werkstatt _____

59 Wo bist du? — Wo sind Sie?

der → dem	in dem →	im
die → der	in der	
das → dem	in dem →	im

der Keller   _Ich bin im Keller._

die Küche   _Ich bin in der Küche._

das Büro   _Ich bin im Büro._

1. der Garten _____

2. der Park _____

3. das Zimmer _____

4. das Treppenhaus _____

5. die Schule _____

6. die Werkstatt _____

7. die Klasse _____

8. die Universität _____

9. der Arbeitsraum _____

10. der Umkleideraum _____

11. die Turnhalle _____

12. der Betrieb _____

13. das Geschäft _____

14. die Bücherei _____

15. die Stadt _____

16. das Café _____

17. die Firma _____

18. der Laden _____

60 Wohin stellst du deinen Wagen? — Wohin stellen Sie Ihren Wagen?

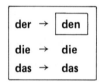

der	→	den
die	→	die
das	→	das

der Parkplatz (auf)   *Ich stelle meinen Wagen auf den Parkplatz.*

die Garage (in)   *Ich stelle meinen Wagen in die Garage.*

das Haus (neben)   *Ich stelle meinen Wagen neben das Haus.*

1. die Seitenstraße (in)   **2.** der Straßenrand (an)   **3.** der Zaun (vor)   **4.** der Baum (unter)
5. das Rathaus (vor)   **6.** das Rasthaus (vor)   **7.** der Marktplatz (auf)   **8.** die Mauer (hinter)
9. der Waldrand (an)   **10.** der Gehweg (auf)   **11.** die Werkstatt (in)   **12.** der Eingang (vor)
13. die Einfahrt (in)   **14.** das Geschäft (vor)   **15.** das Parkhochhaus (in)   **16.** der Seitenstreifen (auf)

61 Wo steht dein Auto? — Wo steht Ihr Auto?

der → dem	an dem → am
die → der	vor dem → vorm
das → dem	in dem → im
	unter dem → unterm

der Parkplatz (auf)   *Mein Auto steht auf dem Parkplatz.*

die Garage (in)   *Mein Auto steht in der Garage.*

das Haus (neben)   *Mein Auto steht neben dem Haus.*

1. die Seitenstraße (in) _____

2. der Straßenrand (an) _____

3. der Zaun (vor) _____

4. der Baum (unter) _____

5. das Rathaus (vor) _____

6. das Rasthaus (vor) _____

7. der Marktplatz (auf) _____

8. die Mauer (hinter) _____

9. der Waldrand (an) _____

10. der Gehweg (auf) _____

11. die Werkstatt (in) _____

12. der Eingang (vor) _____

13. die Einfahrt (in) _____

14. das Geschäft (vor) _____

15. das Parkhochhaus (in) _____

16. der Seitenstreifen (auf) _____

62 Womit fährst du? — Womit fahren Sie?

der	→	dem
die	→	der
das	→	dem

Verkehrsmittel; Fahrzeuge

der Zug	*Ich fahre mit dem Zug.*
die Straßenbahn	*Ich fahre mit der Straßenbahn.*
das Motorrad	*Ich fahre mit dem Motorrad.*

1. die Bahn _____

2. der Wagen _____

3. das Auto _____

4. das Fahrrad _____

5. die Eisenbahn _____

6. das Taxi _____

7. der Lastwagen _____

8. der Bus _____

9. das Boot _____

10. der Dampfer _____

11. das Schiff _____

12. die Fähre _____

13. der Fahrstuhl _____

14. die Rolltreppe _____

15. die U-Bahn _____

16. der Intercity _____

63 Woher kommt ihr? — Woher kommen Sie?

der	→ dem
die	→ der
das	→ dem

der Unterricht   *Wir kommen aus dem Unterricht.*

die Fabrik   *Wir kommen aus der Fabrik.*

das Büro   *Wir kommen aus dem Büro.*

1. die Küche   _____

2. die Schule   _____

3. das Kino   _____

4. das Theater   _____

5. das Geschäft   _____

6. das Krankenhaus   _____

7. der Laden   _____

8. der Betrieb   _____

9. die Werkstatt   _____

10. die Universität   _____

11. das Hotel   _____

12. die Schwimmhalle   _____

13. der Park   _____

14. der Garten   _____

15. die Stadt   _____

16. der Keller   _____

17. der Wald   _____

18. der Urlaub   _____

64 Mit wem möchtest du sprechen? — Mit wem möchten Sie sprechen?

```
der .....r   →   dem ...n
der .....e   →   dem ...n
der .....t   →   dem ...en
```

Männliche Personen

der Herr   *Ich möchte mit dem Herrn sprechen.*

der Angestellte   *Ich möchte mit dem Angestellten sprechen.*

der Student   *Ich möchte mit dem Studenten sprechen.*

1. der Kollege **2.** der Nachbar **3.** der Junge **4.** der Beamte **5.** der Patient **6.** der Kranke **7.** der Kunde **8.** der Polizist **9.** der Soldat **10.** der Zeuge **11.** der Matrose **12.** der Auszubildende **13.** der Architekt **14.** der Dirigent **15.** der Präsident **16.** der Verwandte **17.** der Bekannte **18.** der Verletzte

---

65 Mit wem hast du gesprochen? — Mit wem haben Sie gesprochen?

```
der ...e  .....   →   dem ...en  .....
die ...e  .....   →   der ...en  .....
das ...e  .....   →   dem ...en  .....
```

der neue Betriebsleiter   *Ich habe mit dem neuen Betriebsleiter gesprochen.*

die neue Betriebsleiterin   *Ich habe mit der neuen Betriebsleiterin gesprochen.*

1. die nette Sekretärin **2.** die alte Dame **3.** der englische Gast **4.** der sympathische junge Mann **5.** die nette Verkäuferin **6.** der neue Besitzer **7.** der frühere Geschäftsinhaber **8.** der ärgerliche Kunde **9.** der alte Bekannte **10.** der ältere Kollege **11.** die neue Kollegin **12.** der behandelnde Arzt **13.** der zuständige Beamte **14.** der ehemalige Nachbar **15.** der erfolgreiche Politiker **16.** die fortschrittliche Politikerin **17.** die ganze Familie **18.** der alte Klassenkamerad

66 Wem habt ihr geholfen? — Wem haben Sie geholfen?

die → den ...n

die Eltern   *Wir haben den Eltern geholfen.*
die Schüler   *Wir haben den Schülern geholfen.*
die Freunde   *Wir haben den Freunden geholfen.*

1. die Schülerinnen   _____

2. die Kinder   _____

3. die Freundinnen   _____

4. die Leute   _____

5. die Menschen   _____

6. die Damen   _____

7. die Herren   _____

8. die Arbeiter   _____

9. die Arbeiterinnen   _____

10. die Mitarbeiter   _____

11. die Männer   _____

12. die Frauen   _____

13. die Nachbarn   _____

14. die Nachbarinnen   _____

15. die Kolleginnen   _____

16. die Kollegen   _____

17. die Fremden   _____

18. die Touristen   _____

67 Wann regnete es? (während)

```
der .....  →  des ... (e)s
die .....  →  der ...
das .....  →  des ... (e)s
```

der Flug   *Während des Fluges regnete es.*
die Fahrt   *Während der Fahrt regnete es.*
das Fußballspiel *Während des Fußballspiels regnete es.*

1. der Aufenthalt _____

2. der Urlaub _____

3. der Besuch _____

4. die Besichtigung _____

5. das Training _____

6. die Sportveranstaltung _____

7. der Wettkampf _____

8. die Wanderung _____

9. die Bahnfahrt _____

10. die Fahrprüfung _____

11. der Spaziergang _____

12. die Vorführung _____

68 während, wegen, trotz

der unruhige Flug (während)   *während des unruhigen Fluges*
die lange Reise (wegen)   *wegen der langen Reise*
das schlechte Wetter (trotz)   *trotz des schlechten Wetters*
die letzten Tage (während)   *während der letzten Tage*

1. das hohe Alter (trotz) _____

2. die hohen Zinsen (wegen) _____

3. das ganze Leben (während) _____

4. die gesamte Veranstaltung (während) _____

5. die dringende Warnung (trotz) _____

6. der Zweite Weltkrieg (während) _____

7. der hohe Preis (wegen) _____

8. der geringe Wert (trotz) _____

9. die großen Bemühungen (trotz) _____

10. der dreijährige Aufenthalt (während) _____

11. der unerträgliche Lärm (wegen) _____

12. der heftige Regen (trotz) _____

13. das letzte Jahr (während) _____

14. die letzten Jahre (während) _____

15. die bedrohliche Lage (wegen) _____

16. die schwierige Situation (trotz) _____

17. die regelmäßigen Übungen (trotz) _____

18. der schlechte Gesundheitszustand (wegen) _____

69 Wessen? (Nähere Beschreibungen)

die Leistung; der unbekannte Sportler   *die Leistung des unbekannten Sportlers*

das Leben; die berühmte Künstlerin   *das Leben der berühmten Künstlerin*

der Verlobte; das junge Mädchen   *der Verlobte des jungen Mädchens*

1. der Erfolg; der große Wissenschaftler   2. das Einkommen; der normale Bürger   3. die Tat; der junge Angeklagte   4. die Rede; der bekannte Politiker   5. der Film; der französische Regisseur   6. der Zustand; das kranke Kind   7. die Auslandsreise; der deutsche Bundespräsident   8. die Einstellung; der neue Mitarbeiter   9. der Streik; die gesamte Belegschaft   10. der Ausflug; der gesamte Betrieb   11. der Antrag; der ausländische Arbeitnehmer   12. die Hilfsbereitschaft; die alte Nachbarin   13. die Einstellung; die kritische Jugend   14. der Bericht; der bekannte Fernsehreporter   15. der Besuch; die alte Dame   16. die Bevölkerung; das ganze Land

70 Wessen? (Nähere Beschreibungen)

das Grundstück; ein reicher Mann   *das Grundstück eines reichen Mannes*

die Beherrschung; eine fremde Sprache   *die Beherrschung einer fremden Sprache*

die Dauer; ein halbes Jahr   *die Dauer eines halben Jahres*

1. die Schönheit; ein alter Kunstgegenstand   **2.** die Praxis; ein junger Arzt   **3.** der Lebenslauf; ein ausländischer Bewerber   **4.** die Folge; eine körperliche Überanstrengung   **5.** der Eingang; ein altes Schloss   **6.** die Fläche; eine mittelgroße Wohnung   **7.** die Werkstatt; ein alter Handwerker   **8.** das Einkommen; ein normaler Bürger   **9.** der Anruf; ein guter Freund   **10.** der Roman; ein weltbekannter Schriftsteller   **11.** die Dauer; eine handwerkliche Ausbildung   **12.** der Schrecken; ein moderner Krieg   **13.** die Mauer; eine mittelalterliche Stadt   **14.** die Farbe; ein altes Gemälde   **15.** die Fassade; ein öffentliches Gebäude   **16.** die Ankunft; ein ausländischer Staatsmann   **17.** die Rede; ein bedeutender Politiker   **18.** die Bedeutung; ein wirtschaftliches Abkommen

71 Heißt es „er", „sie", „es" oder „sie"?

1. Michael hat sich erkältet; _____ hustet und niest.   **2.** Meine Mutter ist nicht zu Hause; _____ ist beim Einkaufen.   **3.** Ich gehe heute mit Thomas ins Kino; _____ wartet am Bahnhof auf mich.   **4.** Soll ich dir das Buch leihen? _____ ist sehr unterhaltsam.   **5.** Meine Freundin hat Wäsche in die Reinigung gebracht; heute Abend muss _____ sie abholen.   **6.** Die Kinder gehen schon in den Kindergarten; _____ bleiben täglich vier Stunden dort.   **7.** Dieser Roman ist sehr spannend; _____ gefällt mir sehr gut.   **8.** Mir bekommt das Klima hier nicht: _____ verursacht Kopfschmerzen.   **9.** Ich habe eine neue Arbeit, aber _____ wird nicht gut bezahlt.   **10.** Mein Gehalt ist nicht schlecht, aber _____ könnte höher sein.

11. Heute Abend haben wir Gäste; _____ kommen gegen acht.   **12.** Unsere neue Wohnung ist sehr hell; _____ liegt nach Süden.   **13.** Das Mädchen kommt aus Italien; _____ spricht gut Deutsch.   **14.** Auf dem Markt kaufen wir Obst; _____ ist dort billiger.   **15.** Der Tee ist fertig, aber _____ ist noch sehr heiß.   **16.** Hier ist ein Brief für dich. – Wann ist _____ denn gekommen?

17. Viele ausländischen Arbeitnehmer kommen aus der Türkei; _____ brauchen

Deutschunterricht. **18.** Das Auto ist nicht in Ordnung; _____ muss in die Werkstatt.

19. Das Fahrrad gehört meinem Bruder; _____ ist noch ganz neu.

20. Ich muss mein Zimmer streichen; _____ sieht schon sehr hässlich aus.

72 Sagt man „mir" oder „mich"?

1. Mein Kollege hat _____ angerufen. **2.** Er hat _____ eingeladen. **3.** Hilf

_____ , bitte! **4.** Meine Eltern unterstützen _____ . **5.** Der Arzt hat

_____ gründlich untersucht. **6.** Wann besucht ihr _____ mal? **7.** Meine

Freunde boten _____ ihre Hilfe an. **8.** Hast du _____ gesehen? **9.** Glaubst

du _____ nicht? **10.** Sie hat _____ aus ihrer Heimat geschrieben. **11.** Gib

_____ bitte die Zeitschrift rüber! **12.** Meine Kollegen haben _____ zum Ge-

burtstag gratuliert. **13.** Er informierte _____ über die Berufsausbildung. **14.** Der

Fremde bat _____ um Feuer. **15.** Er dankte _____ für die Auskunft.

16. Dieses Buch hat er _____ mitgebracht. **17.** Kennst du _____ nicht mehr?

18. Kannst du _____ nicht verstehen? **19.** Lässt du _____ mal mit deinem

neuen Fahrrad fahren? **20.** Können Sie _____ mitnehmen? **21.** Der Beamte hat

_____ sehr unfreundlich behandelt. **22.** Das lasse ich _____ nicht gefallen.

23. Er verkauft _____ seinen alten Wagen. **24.** Du hast _____ noch nicht

geantwortet. **25.** Der Lehrer verbessert _____ , wenn ich Fehler mache.

73 Sagt man „dir" oder „dich"?

1. Deine Eltern haben _____ vom Bahnhof abgeholt. **2.** Sie haben _____

begrüßt. **3.** Hat er _____ geholfen? **4.** Ich erinnere _____ an dein Ver-

sprechen. **5.** Meine Freunde bewundern _____ sehr. **6.** Hat sie _____ aus

dem Urlaub geschrieben? **7.** Wir danken _____ für den ausführlichen Bericht. **8.** Ich möchte _____ bitten, mich anzurufen. **9.** Ich kann _____ nur bitten, zwingen kann ich _____ nicht. **10.** Er hat _____ nichts zu befehlen. **11.** Unterstützen _____ deine Verwandten? **12.** Das kann ich _____ nicht glauben. **13.** Wer hat _____ bei der Berufswahl beraten? **14.** Dein Vater hat _____ Grüße bestellt. **15.** Wie fühlst du _____ heute? **16.** Geht es _____ schon besser? **17.** Wasch _____ ! **18.** Wasch _____ die Hände! **19.** Ich benachrichtige _____ , wenn ich angekommen bin. **20.** Ich gebe _____ Nachricht, sobald ich angekommen bin. **21.** Ich werde _____ nicht verraten. **22.** Ich werde _____ den Wunsch erfüllen. **23.** Was schenkt sie _____ zum Geburtstag? **24.** Haben _____ deine Kollegen gratuliert? **25.** Ich werde _____ in deiner Heimat besuchen.

74 Sagt man „ihr" oder „sie"?

1. Er hat seine frühere Kollegin lange nicht gesehen; neulich traf er _____ auf der Straße. **2.** Er hat _____ herzlich begrüßt. **3.** Er ist _____ ganz zufällig begegnet. **4.** Er hat _____ die Hand gegeben. **5.** Er hat _____ zu einer Tasse Kaffee eingeladen. **6.** Er hat _____ gefragt, wie es _____ geht. **7.** Er hat _____ gebeten, ihn zu besuchen. **8.** Er hat _____ den Weg zu seiner Wohnung beschrieben. **9.** Er hat _____ noch ein Stück begleitet. **10.** Dann hat er sich von _____ verabschiedet.

11. Ihr Vater hat _____ genügend Taschengeld gegeben. **12.** Ihre Eltern machen sich Sorgen um _____ . **13.** Wir haben _____ für die schnelle Hilfe gedankt. **14.** Alle haben _____ zum Geburtstag gratuliert. **15.** Ich habe _____ einen riesigen Blumenstrauß geschenkt. **16.** Alle bewundern _____ . **17.** Einige beneiden _____ sogar. **18.** Wir wünschen _____ alles Gute. **19.** Wenn sie Schwierigkeiten hat, helfen wir _____ gern. **20.** Ich habe _____ alles geglaubt, was sie erzählt

hat. **21.** Ihre Verwandten unterstützten _____ während ihrer Ausbildung.

22. Wir haben _____ bei der Arbeit zugesehen. **23.** Ihre Eltern können sich auf

_____ verlassen. **24.** Wie gefällt _____ die Arbeit? **25.** Grüße _____

von mir, wenn du _____ siehst.

75 Sagt man „ihm" oder „ihn"?

1. Wo hast du _____ getroffen? **2.** Bist du _____ in der Stadt begegnet?

3. Wo habt ihr _____ gesehen? **4.** Ich werde _____ zu meiner Party ein-

laden. **5.** Er ist im Ausland. Weißt du, wie es _____ geht? **6.** Grüße _____

von mir. **7.** Gib _____ bitte dieses Buch zurück. **8.** Ich werde mich nach

_____ erkundigen. **9.** Wir gratulieren _____ zum Geburtstag. **10.** Ich musste

_____ versprechen, _____ bald wieder zu besuchen. **11.** Wir freuen uns

auf _____ . **12.** Wann hast du _____ zuletzt gesprochen? **13.** Zeigst du

_____ die Stadt? **14.** Wir warten auf _____ . **15.** Wir werden _____

bitten, länger zu bleiben. **16.** Verratet _____ nicht! **17.** Wir hören _____

gespannt zu. **18.** Wir sind _____ dankbar für die Hilfe. **19.** Du hast _____

gut beraten. **20.** Du hast _____ einen guten Rat gegeben. **21.** Ich habe _____

den Brief vorgelesen. **22.** Sein Pass war in Ordnung; die Beamten ließen _____ durch.

23. Seine Frau begleitet _____ immer auf seinen Reisen. **24.** Ich habe _____

einen langen Reisebericht geschrieben. **25.** Was hast du _____ gesagt?

76 Heißt es „Ihnen" oder „Sie"?

1. Ich möchte _____ einen Vorschlag machen. **2.** Ich möchte _____

einladen. **3.** Wir wollen _____ helfen. **4.** Ich möchte _____ um Ihre

Unterstützung bitten. **5.** Wir danken _____ für Ihre Unterstützung. **6.** Darf ich

_____ etwas anbieten? **7.** Ich kann _____ leider keinen besseren Rat

geben. **8.** Vielleicht kann Ihr Kollege _____ beraten. **9.** Hat Ihr Arzt

_____ schon untersucht? **10.** Hat Ihr Arzt _____ behandelt? **11.** Hat

Ihr Arzt _____ etwas verschrieben? **12.** Wie geht es _____ heute?

13. Wer hat _____ das gesagt? **14.** Wo hat man _____ diese Auskunft

gegeben? **15.** Zu Ihrem Examen wünsche ich _____ viel Glück. **16.** Haben Ihre

Kollegen _____ gratuliert? **17.** Haben _____ viel Post bekommen?

18. Ich werde _____ vom Flughafen abholen. **19.** Am Ausgang werde ich auf

_____ warten. **20.** Das kann ich _____ nicht glauben. **21.** Ich soll

_____ von Gisela und Gerd herzlich grüßen. **22.** Ich soll _____ von

Gisela und Gerd Grüße bestellen. **23.** Diese Zeitschrift kann ich _____ leihen.

24. Wer unterstützt _____ während ihrer Ausbildung? **25.** Ich habe _____

neulich nicht auf der Party gesehen.

77 Heißt es „ihnen" oder „sie"?

1. Irene und Thomas spielen dahinten; ich rufe _____ mal. **2.** Die Kinder sind

hungrig; ich hole _____ etwas zu essen. **3.** Die Kinder sind allein zu Hause; ich

passe auf _____ auf. **4.** Sie hören gern Geschichten; ich lese _____

etwas vor. **5.** Sie können sich nicht allein anziehen; ich helfe _____ dabei.

6. Die Kinder möchten mir helfen; ich bitte _____ , mir etwas vom Supermarkt zu

holen. **7.** Sie haben mir etwas geholt; ich bedanke mich herzlich bei _____ .

8. Gisela und Frank müssen in die Schule; ich bringe _____ hin. **9.** Herr Braun

ist der Lehrer der Kinder; er unterrichtet _____ . **10.** Die Kinder müssen gleich

kommen; ich warte schon auf _____ . **11.** Katrin und ihr Bruder waren krank;

wie geht es _____ jetzt? **12.** Die Mutter ist mit _____ zum Arzt gegangen.   **13.** Der Arzt hat _____ untersucht.   **14.** Er hat _____ eine

Medizin verschrieben.   **15.** Die Mutter pflegt _____ .   **16.** Sie tröstet _____ .

17. Sie redet _____ gut zu.   **18.** Die Kinder möchten etwas lesen; der Lehrer emp-

fiehlt _____ ein Jugendbuch.   **19.** Die Kinder sind an der See; die Seeluft be-

kommt _____ gut.   **20.** Bald kommen _____ zurück; wir holen

_____ vom Bahnhof ab.   **21.** Wir begrüßen _____ .   **22.** Wir fahren

mit _____ nach Hause.

78 Hier ist etwas unangenehm und lästig. Wem denn?

Die Musik ist zu laut.

(ich)	*Die Musik ist mir zu laut.*
(er)	*Die Musik ist ihm zu laut.*
(sie)	*Die Musik ist ihr/ihnen zu laut.*
(die alten Leute)	*Die Musik ist den alten Leuten zu laut.*
(unsere Nachbarn)	*Die Musik ist unseren Nachbarn zu laut.*

1. Die Miete ist zu hoch.

(wir) _____

(ich) _____

(mein Vater) _____

(der Student) _____

2. Das Essen ist zu salzig.

(er) _____

(sie) _____

(meine Mutter) _____

(mein Freund) _____

3. Der Film ist zu langweilig.

(die Erwachsenen) _____

(die Jugendlichen) _____

(die Schülerinnen) _____

(ich) _____

4. Das Klima ist zu heiß.

(der Europäer) _____

(die Touristen) _____

(sie) _____

(er) _____

5. Die Arbeit ist zu schwer.

(die Schüler) _____

(die älteren Leute) _____

(wir) _____

(ihr) _____

79 Meine Familie

der	→	mein
die	→	meine
das	→	mein

der Vater   *mein Vater*
die Mutter   *meine Mutter*
das Kind   *mein Kind*

1. die Familie _____

2. die Schwester _____

3. die Tochter _____

4. der Bruder _____

5. der Sohn   _____

6. die Tante   _____

7. der Onkel   _____

8. der Cousin   _____

9. die Cousine   _____

10. die Großmutter   _____

11. der Großvater   _____

12. die Schwägerin   _____

13. der Schwager   _____

14. der Neffe   _____

15. die Nichte   _____

16. die Frau   _____

17. der Mann   _____

18. der Schwiegervater   _____

80 Eigentum und Eigentümer

der	→	**sein; ihr**
die	→	**seine; ihre**
das	→	**sein; ihr**

der Wagen   *Ist das sein Wagen oder ihr Wagen?*

die Wohnung   *Ist das seine Wohnung oder ihre Wohnung?*

das Eigentum   *Ist das sein Eigentum oder ihr Eigentum?*

1. das Haus   **2.** das Grundstück   **3.** der Garten   **4.** das Geschäft   **5.** der Laden   **6.** die Werkstatt   **7.** die Bibliothek   **8.** das Vermögen   **9.** das Gepäck   **10.** die Tasche   **11.** der Koffer   **12.** der Sitzplatz   **13.** die Weste   **14.** der Mantel   **15.** die Jacke   **16.** der Schal   **17.** das Heft   **18.** die Fahrkarte

81 Wem gratulierst du zum Geburtstag? — Wem gratulieren Sie zum Geburtstag?

der; mein	→	meinem
die; meine	→	meiner
das; mein	→	meinem

   der Bruder   *Ich gratuliere meinem Bruder zum Geburtstag.*

1. die Schwester   **2.** die Mutter   **3.** der Vater   **4.** der Cousin   **5.** die Cousine   **6.** die Tante   **7.** der Onkel   **8.** die Nachbarin   **9.** die Kollegin   **10.** der Nachbar   **11.** der Kollege   **12.** der Mitarbeiter   **13.** die Mitarbeiterin   **14.** die Frau   **15.** der Mann   **16.** der Chef   **17.** die Lehrerin   **18.** der Lehrer

82 Seit wann?

der; mein	→	meinem
die; meine	→	meiner
das; mein	→	meinem

der Geburtstag; mein Geburtstag   *seit meinem Geburtstag*

die Schulzeit; meine Schulzeit   *seit meiner Schulzeit*

das Examen; mein Examen   *seit meinem Examen*

1. die Geburt   _____

2. die Ausbildung   _____

3. der Urlaub   _____

4. die Kindheit   _____

5. die Auslandstätigkeit   _____

6. die Urlaubsreise   _____

7. das Studium   _____

8. die Bewerbung   _____

9. der Verkehrsunfall   _____

10. die Krankheit   _____

11. der Besuch bei

    meinen Verwandten

12. der Aufenthalt

    in Deutschland

13. die Entlassung

    aus dem Krankenhaus

14. die Schul-

    entlassung

15. die Einstellung

    als Facharbeiter

16. der Umzug in die

    neue Wohnung

83 Wie heißt es: „meine", „deine", „seine", „ihre", „seine"; „unsere", „eure", „ihre"?

1. Mein Bruder studiert noch; _____ Ausbildung dauert sehr lange.   2. Ich bin

Tischler; _____ Ausbildung hat drei Jahre gedauert.   3. Meine Mutter ist berufs-

tätig; _____ Arbeit ist sehr schwer.   4. Wir sind umgezogen; _____

neue Wohnung hat drei Zimmer.   5. Ihr wohnt hier sehr schön, ist _____ Miete

hoch?   6. Die Studenten sind Ausländer; _____ Heimat ist Südamerika.   7. Was

suchst du? _____ Tasche liegt hier.   8. Das Kind weint; _____ Mutter

ist nicht zu Hause.   9. Siehst du das Mädchen da? _____ Schwester arbeitet in

meiner Firma.   10. Michael fährt nach Frankreich; _____ Freundin hat ihn einge-

laden.   11. Meine Schwester macht eine Geschäftsreise nach Japan; _____ Chefin

schickt sie dorthin.   12. Ihr habt Glück! _____ Wohnung ist sehr billig.   13. Wir

fahren jetzt nach Hause; _____ Ferien sind zu Ende.   14. Ihr müsst euch beeilen;

_____ Maschine geht in einer Stunde.   15. Wir suchen eine neue Wohnung;

_____ Wohnung ist viel zu eng.   **16.** Rauchen Sie nicht und trinken Sie keinen Alkohol! _____ Gesundheit ist in Gefahr.   **17.** Ich muss losgehen; _____ Bahn geht in fünf Minuten.   **18.** Herr Meyer ist Handwerker; _____ Werkstatt liegt direkt neben seiner Wohnung.   **19.** Meine Tochter geht noch zur Schule; _____ Schule liegt in unserer Nähe.   **20.** Ich lese täglich die Zeitung; _____ Tageszeitung kaufe ich am Bahnhof.

84 Diese Dinge gehören euch.

der ...e	.....	→	euer ...er	.....
die ...e	.....	→	eure ...e	.....
das ...e	.....	→	euer ...es	.....

der große Haushalt   *euer großer Haushalt*
die moderne Wohnungseinrichtung   *eure moderne Wohnungseinrichtung*
das gesamte Eigentum   *euer gesamtes Eigentum*

1. der ganze Besitz   _____

2. das hohe Bücherregal   _____

3. der alte Schrank   _____

4. der bequeme Sessel   _____

5. die neue Couch   _____

6. der runde Tisch   _____

7. der neue Stuhl   _____

8. die gemütliche Wohnung   _____

9. der gepflegte Garten   _____

10. das schöne Haus   _____

11. die neue Winterkleidung   _____

12. der schwere Koffer   _____

13. die leichte Reisetasche   _____

14. das große Gepäck _____

15. der alte Wagen _____

16. das monatliche Einkommen _____

17. der niedrige Lohn _____

18. das alte Klavier _____

85 Wem seid ihr begegnet? — Wem sind Sie begegnet?

unser	...er	.....	→	unserem ...en	.....
unsere	...e	.....	→	unserer ...en	.....

unser alter Freund *Wir sind unserem alten Freund begegnet.*

unsere frühere Nachbarin *Wir sind unserer früheren Nachbarin begegnet.*

1. unser ausländischer Mitarbeiter **2.** unsere ausländische Mitarbeiterin **3.** unser älterer Bruder **4.** unsere jüngere Schwester **5.** unser neuer Kollege **6.** unser früherer Chef **7.** unsere alte Chefin **8.** unsere beste Freundin **9.** unser französischer Lehrer **10.** unser kleiner Neffe **11.** unsere italienische Schwägerin **12.** unsere alte Wirtin **13.** unser jetziger Betriebsleiter **14.** unser früherer Nachbar **15.** unsere gute Bekannte **16.** unsere kleine Cousine **17.** unser älterer Cousin **18.** unsere junge Kollegin

86 Wessen?

1. mein Pass

Ich muss _____ Pass verlängern lassen.

Ich gehe mit _____ Pass ins Konsulat.

Das Visum für die USA wird in _____ Pass eingetragen.

_____ Pass ist noch zwei Jahre gültig.

2. meine Reisetasche

Bei der Zollkontrolle musste ich _____ Reisetasche öffnen. Ich weiß nicht, was der

Zollbeamte in _____ Reisetasche gesucht hat.

Ich stecke die Zeitschrift und die Papiere in _____ Reisetasche.

3. deine Schallplatte

Gefällt dir _____ neue Schallplatte?

Kannst du mir _____ neue Schallplatte leihen?

Auf _____ Schallplatte ist ein Lied, das ich noch nicht kenne.

4. deine Kassette

Wem hast du _____ neue Kassette geliehen?

Sind auf _____ Kassette die Texte unseres Lehrbuches?

Wo hast du _____ Kassette gekauft?

5. sein Brief

Hast du _____ Brief gelesen?

In _____ Brief schreibt er viel über seine neue Umgebung.

Mit _____ Brief hat er uns eine große Freude gemacht.

_____ Brief kam gestern.

6. seine Schrift

Ich finde _____ Schrift sehr unleserlich.

Wenn er in _____ Schrift schreibt, muss ich mir seine Briefe vorlesen lassen.

Ich kann _____ Schrift nicht lesen.

7. ihr Leben

Sie hat in _____ Leben viel geleistet.

Sie hat _____ Leben in Italien verbracht.

Sie hat mir viel aus _____ Leben erzählt.

8. ihre Familie

Weißt du etwas über _____ Familie?

Sie lebt schon lange nicht mehr bei _____ Familie.

_____ Familie schreibt ihr regelmäßig.

64

87 Fragen

Wie . . . . . ?   Was . . . . . ?   Wie viel . . . . . ?

1. _____ geht es dir? **2.** _____ machst du am Wochenende?

3. _____ macht man das? **4.** _____ Zeit haben wir noch?

5. _____ möchtest du werden? **6.** _____ spät ist es?

7. _____ Geld hast du noch? **8.** _____ fühlst du dich heute?

9. _____ gefällt es dir hier? **10.** _____ Benzin ist noch im Tank?

11. _____ gefällt dir hier nicht? **12.** _____ alt bist du?

13. _____ steht das Spiel? **14.** _____ wird das Wetter morgen?

15. _____ hast du gestern gemacht? **16.** _____ kann ich für dich tun?

17. _____ kann ich dir helfen? **18.** _____ sieht das aus?

19. _____ komme ich zur nächsten Bushaltestelle? **20.** _____ hat er

gesagt? **21.** _____ Kilo wiegst du? **22.** _____ Liter sind das?

23. _____ kostet das? **24.** _____ bedeutet das?

88 Heißt es „welcher" oder „was für ein"?

1. Ich habe drei Bücher für dich; _____ möchtest du lesen?

2. _____ Wohnung möchtest du mieten, eine Altbauwohnung

oder eine Neubauwohnung? **3.** _____ Wein möchtest du, süßen

oder herben? **4.** Siehst du hier die Apfelsinen? _____ soll ich dir

geben, eine große oder eine kleine? **5.** Ich habe hier zwei Äpfel; _____

soll ich dir geben, den großen oder den kleinen? **6.** _____ Stoff

magst du lieber, den groben oder den feinen? **7.** Der Schuhverkäufer fragt mich:

„ _____ Schuhgröße haben Sie?" **8.** Der Schuhverkäufer fragt

mich: „ _____ Schuhe möchten Sie, sportliche oder elegante?"

9. _____ Fernsehprogramm findet ihr am besten, das erste, das

zweite oder das dritte? **10.** _____ Ausbildung wird dein Bruder

anfangen, eine wissenschaftliche oder eine praktische? **11.** _____

Beruf wirst du wählen, einen technischen oder einen handwerklichen? **12.** Mit

_____ von diesen Herren hast du gesprochen? **13.** Mit

_____ Ball wollen wir spielen, mit einem großen oder mit einem

kleinen? **14.** _____ Krankheit hat er? Hoffentlich keine schlim-

me! **15.** _____ Kandidaten wählst du, den fortschrittlichen oder

den konservativen? **16.** Von _____ Chef habt ihr gesprochen?

Von dem Juniorchef oder dem Seniorchef? **17.** Mit _____ Lied

hat der Sänger angefangen, mit einem bekannten oder einem unbekannten?

18. _____ Staatsangehörigkeit hat er, die deutsche oder die däni-

sche? **19.** Mit _____ Flugzeug seid ihr gekommen? Mit der

Lufthansa oder der Alitalia? **20.** Ich habe hier drei Schallplatten; _____

möchtest du hören?

89 Urlaub

Der Urlaub ist kurz.   _der kurze Urlaub_
Die Reise ist lang.   _die lange Reise_
Das Hotel ist modern.   _das moderne Hotel_

1. Der Koffer ist schwer.   _____

2. Die Tasche ist leicht.   _____

3. Die Unterkunft ist billig.   _____

4. Die Jugendherberge ist neu.   _____

5. Der Urlaubsort ist bekannt.   _____

6. Das Gasthaus ist gemütlich.   _____

7. Das Visum ist gültig.   _____

8. Der Reisepass ist ungültig. _____

9. Die Passkontrolle ist streng. _____

10. Das Wetter ist herrlich. _____

11. Der Campingplatz ist besetzt. _____

12. Das Zimmer ist frei. _____

13. Das Hotelzimmer ist sonnig. _____

14. Das Wasser ist sauber. _____

15. Der Strand ist überfüllt. _____

16. Das Getränk ist kühl. _____

17. Die Besichtigung ist interessant. _____

18. Der Aufenthalt ist wunderschön. _____

19. Der Reisebericht ist spannend. _____

90 Eine Sache — mehrere Sachen

Obst und Gemüse

```
der   ...e  .....
die   ...e  ..... ———▶ die ...en  .....
das   ...e  .....
```

der reife Apfel   *die reifen Äpfel*

die schöne Frucht   *die schönen Früchte*

das würzige Kraut   *die würzigen Kräuter*

1. das scharfe Gewürz _____

2. die süße Apfelsine _____

3. die saure Zitrone _____

4. der saftige Pfirsich _____

5. die rote Tomate _____

6. die harte Nuss _____

7. die weiche Birne _____

8. die dunkelrote Beere _____

9. die hellrote Johannisbeere _____

10. die schwarze Johannisbeere _____

11. die aromatische Himbeere _____

12. die unreife Kirsche _____

13. die blaue Pflaume _____

14. der frische Salat _____

15. die große Kartoffel _____

16. die lange Gurke _____

17. die grüne Bohne _____

18. die frische Erbse _____

19. die junge Möhre _____

20. die frische Artischocke _____

91 Das gefällt mir

das weiße Hemd   *Mir gefällt dein weißes Hemd.*

der neue Anzug   *Mir gefällt dein neuer Anzug.*

die lederne Weste   *Mir gefällt deine lederne Weste.*

1. der schwarze Hut   2. die karierte Mütze   3. das neue Kleid   4. die goldene Armbanduhr 5. das silberne Feuerzeug   6. das kleine Taschenmesser   7. der gestreifte Schal   8. die geblümte Bluse   9. der alte Wintermantel   10. die soziale Einstellung   11. die politische Meinung   12. das technische Talent   13. die handwerkliche Erfahrung   14. die sportliche Haltung 15. der starke Wille   16. die gute Laune

92 Wie sind die Dinge?

A. teuer

der *teure* Flug — *ein teurer Flug*
die *teure* Reise — *eine teure Reise*
das *teure* Buch — *ein teures Buch*

1. der _____ Aufenthalt — _____

2. der _____ Wagen — _____

3. die _____ Ausbildung — _____

4. das _____ Kleid — _____

5. der _____ Stoff — _____

6. das _____ Unternehmen — _____

7. die _____ Eintrittskarte — _____

8. der _____ Urlaub — _____

B. hoch

der *hohe* Turm — *ein hoher Turm*
die *hohe* Treppe — *eine hohe Treppe*
das *hohe* Gebäude — *ein hohes Gebäude*

1. der _____ Baum — _____

2. der _____ Mast — _____

3. die _____ Leiter — _____

4. der _____ Berg — _____

5. das _____ Gebirge — _____

6. das _____ Ziel — _____

7. die _____ Tanne — _____

8. der _____ Preis — _____

9. die _____ Gebühr — _____

10. das _____ Amt — _____

11. die _____ Stimme — _____

12. die _____ Strafe — _____

13. die _____ Mauer — _____

14. das _____ Einkommen — _____

15. der _____ Verdienst — _____

C. dunkel

der *dunkle* Wald — *ein dunkler Wald*
die *dunkle* Farbe — *eine dunkle Farbe*
das *dunkle* Kleid — *ein dunkles Kleid*

1. der _____ Raum — _____

2. die _____ Nacht — _____

3. der _____ Tag — _____

4. das _____ Zimmer — _____

5. die _____ Wolke — _____

6. der _____ Himmel — _____

7. das _____ Rot — _____

8. das _____ Grün — _____

9. der _____ Hintergrund — _____

10. das _____ Tal — _____

11. die _____ Vergangenheit — _____

12. der _____ Anstrich — _____

93 Was liest du? — Was lesen Sie?

der ...e	→	den ...en .....
die ...e	→	die ...e .....
das ...e	→	das ...e .....

der wichtige Text   *Ich lese den wichtigen Text.*

die neueste Zeitung   *Ich lese die neueste Zeitung.*

das amtliche Schreiben   *Ich lese das amtliche Schreiben.*

1. der kurze Aufsatz   **2.** der ausführliche Bericht   **3.** das alte Gedicht   **4.** die spannende Geschichte   **5.** der historische Roman   **6.** die schwierige Gebrauchsanweisung   **7.** der lange Satz **8.** das schwierige Wort   **9.** der letzte Absatz   **10.** die erste Lektion   **11.** das schöne Märchen **12.** die genaue Beschreibung   **13.** der fremde Name   **14.** der wissenschaftliche Artikel   **15.** der interessante Reisebericht   **16.** die schlimme Nachricht   **17.** der nette Brief   **18.** der sensationelle Zeitungsartikel

94 Was kaufst du dir? — Was kaufen Sie sich?

der ...e	→	einen ...en .....
die ...e	→	eine ...e .....
das ...e	→	ein ...es .....

der lederne Koffer   *Ich kaufe mir einen ledernen Koffer.*

die gestrickte Jacke   *Ich kaufe mir eine gestrickte Jacke.*

das weiße Hemd   *Ich kaufe mir ein weißes Hemd.*

1. der warme Mantel   **2.** der moderne Anzug   **3.** die lange Hose   **4.** die leichte Jacke   **5.** die seidene Bluse   **6.** das bunte Kleid   **7.** das hübsche Tuch   **8.** der karierte Schal   **9.** der schmale Gürtel   **10.** die sportliche Weste   **11.** das einfarbige Oberhemd   **12.** das gestreifte Sporthemd **13.** der silberne Ring   **14.** das goldene Armband

95 Wohin legst du die Zeitung? — Wohin legen Sie die Zeitung?

der ...e	→	den ...en .....
die ...e	→	die ...e .....
das ...e	→	das ...e .....

der runde Tisch *Ich lege die Zeitung auf den runden Tisch.*

die breite Fensterbank *Ich lege die Zeitung auf die breite Fensterbank.*

das lederne Sofa *Ich lege die Zeitung auf das lederne Sofa.*

1. der große Schreibtisch **2.** die hohe Kommode **3.** der niedrige Schemel **4.** das weiße Regal
5. der rote Schnellhefter **6.** der dicke Atlas **7.** die unterste Stufe **8.** der erste Treppenabsatz
9. der hintere Sitz **10.** das braune Tischchen **11.** der neue Katalog **12.** der erste Platz
13. der kleine Nachttisch **14.** der alte Hocker **15.** die grüne Truhe **16.** das neue Radio
17. das alte Klavier **18.** die große Kiste

96 Wo liegt die neue Zeitschrift?

der ...e	→	dem ...en .....
die ...e	→	der ...en .....
das ...e	→	dem ...en .....

der runde Tisch *Die neue Zeitschrift liegt auf dem runden Tisch.*

die breite Fensterbank *Die neue Zeitschrift liegt auf der breiten Fensterbank.*

das lederne Sofa *Die neue Zeitschrift liegt auf dem ledernen Sofa.*

Verwende dieselben Wörter wie in 95. — Verwenden Sie dieselben Wörter wie in 95.

97 Wem hast du geholfen? — Wem haben Sie geholfen?

der ...e	→	dem ...en .....
die ...e	→	der ...en .....
das ...e	→	dem ...en .....

der kranke Mann *Ich habe dem kranken Mann geholfen.*

die ältere Dame *Ich habe der älteren Dame geholfen.*

das kranke Kind *Ich habe dem kranken Kind geholfen.*

1. der neue Mitarbeiter   2. die neue Mitarbeiterin   3. das junge Mädchen   4. der ausländische Besucher   5. der italienische Tourist   6. die überarbeitete Sekretärin   7. die überlastete Hausfrau   8. der alte Freund   9. der ängstliche Schüler   10. die neue Nachbarin   11. der kranke Nachbar   12. der behinderte Herr   13. der jüngere Kollege   14. der verletzte Fahrer   15. der hilflose Fremde   16. der kleine Junge

98 Wo wohnst du? — Wo wohnen Sie?

ein ...er	→	einem ...en .....
eine ...e	→	einer ...en .....
ein ...es	→	einem ...en .....

ein schöner Park (an)   *Ich wohne an einem schönen Park.*

eine ruhige Nebenstraße (in) *Ich wohne in einer ruhigen Nebenstraße.*

ein altes Haus (in)   *Ich wohne in einem alten Haus.*

1. eine laute Hauptverkehrsstraße (an)   2. ein großes Lebensmittelgeschäft (über)   3. ein renovierter Altbau (in)   4. ein mittelalterliches Tor (neben)   5. ein modernes Hochhaus (in)
6. ein großer Bauernhof (auf)   7. eine hässliche Fabrik (neben)   8. ein kleiner Wald (an)
9. eine hübsche Kleinstadt (in)   10. ein malerisches Dorf (in)   11. ein kleiner Fluss (an)
12. ein bewaldeter Hügel (auf)   13. eine enge Gasse (in)   14. ein ehemaliges Fabrikgelände (auf)   15. eine hübsche Gegend (in)   16. eine scheußliche Industriestadt (in)   17. eine dunkle Mietwohnung (in)   18. ein winziges Zimmer (in)

99 Trotz der Hindernisse machten wir die geplante Reise. — Trotz der guten Bedingungen waren wir unzufrieden.

der ...e	→	des ...en ...s
die ...e	→	der ...en ...
das ...e	→	des ...en ...s

der starke Sturm   *Trotz des starken Sturmes machten wir die geplante Reise.*

die finanzielle Hilfe   *Trotz der finanziellen Hilfe waren wir unzufrieden.*

das ungesunde Klima   *Trotz des ungesunden Klimas machten wir die geplante Reise.*

das große Angebot   *Trotz des großen Angebotes waren wir unzufrieden.*

1. der hohe Preis   2. das große Risiko   3. der außergewöhnliche Wohlstand   4. die ungünstige Jahreszeit   5. die niedrige Miete   6. der technische Fortschritt   7. die gute Ausbildung
8. der günstige Termin   9. der gute Kontakt   10. die gründliche Vorbereitung   11. das

schlechte Wetter   **12.** die schlimme Nachricht   **13.** die soziale Sicherheit   **14.** der starke Verkehr   **15.** die wiederholte Warnung   **16.** die schwere Erkältung

100   Was isst du gern? Was trinkst du gern? – Was essen Sie gern? Was trinken Sie gern?

der gekochte Fisch   *Ich esse gern gekochten Fisch.*

die heiße Suppe   *Ich esse gern heiße Suppe.*

das kalte Wasser   *Ich trinke gern kaltes Wasser.*

1. der frische Saft   **2.** der süße Wein   **3.** das gebratene Fleisch   **4.** das reife Obst   **5.** der geräucherte Schinken   **6.** die heiße Schokolade   **7.** der starke Kaffee   **8.** die kühle Milch   **9.** das italienische Eis   **10.** das dunkle Bier   **11.** der chinesische Tee   **12.** die saure Sahne   **13.** das gegrillte Hähnchen   **14.** der französische Käse   **15.** der spanische Reis   **16.** das helle Brot   **17.** der frische Kuchen   **18.** das junge Gemüse   **19.** die eiskalte Limonade   **20.** die dänische Butter

101   Unter welcher Bedingung?

die hohe Geschwindigkeit   *bei hoher Geschwindigkeit*

der starke Lärm   *bei starkem Lärm*

1. die große Hitze   _____

2. das geöffnete Fenster   _____

3. die geschlossene Tür   _____

4. die hohe Temperatur   _____

5. der häufige Gebrauch   _____

6. die körperliche Arbeit   _____

7. die drohende Gefahr   _____

8. die hohe Beteiligung   _____

9. das starke Wirtschaftswachstum   _____

10. die steigende Tendenz   _____

11. der heftige Sturm   _____

12. der prasselnde Regen _____

13. der außergewöhnliche Andrang _____

14. die anhaltende Schlaflosigkeit _____

15. der dauernde Wechsel _____

16. der laufende Motor _____

17. der ständige Missbrauch _____

18. die beginnende Dunkelheit _____

19. die klirrende Kälte _____

20. der strahlende Sonnenschein _____

102 Was ist zu verkaufen? — Was ist zu vermieten?

Aus der Zeitung

der bequeme Sessel   *Bequemer Sessel zu verkaufen!*
die kleine Wohnung   *Kleine Wohnung zu vermieten!*
das gebrauchte Spielzeug   *Gebrauchtes Spielzeug zu verkaufen!*

1. das hübsche Zimmer _____

2. das lederne Sofa _____

3. die sonnige Wohnung _____

4. das kleine Wochenendhaus _____

5. der moderne Büroraum _____

6. das alte Bauernhaus _____

7. die neuwertige Waschmaschine _____

8. der gut erhaltene Plattenspieler _____

9. die hölzerne Gartenbank _____

10. der neue Laden _____

11. das zentral gelegene Geschäft _____

12. die gut erhaltene Stehlampe _____

13. das fabrikneue Fahrrad _____

14. das neuwertige Zelt _____

15. die große schafwollene Decke _____

16. der junge Hund _____

103 Ein Kleidungsstück – mehrere Kleidungsstücke

ein brauner Schuh   *braune Schuhe*
eine kurze Hose   *kurze Hosen*
ein weißes Hemd   *weiße Hemden*

1. eine bunte Mütze _____

2. eine wollene Decke _____

3. ein moderner Schlips _____

4. eine hübsche Krawatte _____

5. eine moderne Weste _____

6. ein leichtes Sommerkleid _____

7. eine seidene Bluse _____

8. ein buntes Kopftuch _____

9. ein silberner Ring _____

10. eine goldene Halskette _____

11. eine teure Armbanduhr _____

12. ein eleganter Hut _____

13. ein dunkler Anzug _____

14. ein karierter Rock _____

15. ein warmer Pullover _____

16. eine weiße Turnhose _____

17. ein gestrickter Schal _____

18. ein lederner Gürtel _____

104 Heißt es „der gleiche" . . ., „die gleiche" . . ., „das gleiche" . . .?

1. Du trägst _____ Anzug wie ich. **2.** Die Frau hat

_____ Beruf wie ihr Mann. **3.** Ich besuche _____

Schulzweig wie mein Freund, aber nicht dieselbe Schule. **4.** Mein Freund will sich

_____ Wagen kaufen wie ich. **5.** Er kommt heute mit

_____ Zug, mit dem auch ihr neulich gekommen seid. **6.** Sie bevorzugt

_____ Farben wie ihre Schwester. **7.** Hast du _____

Fernseher wie ich? **8.** In Berlin gibt es _____ öffentlichen Verkehrsmit-

tel wie in München. **9.** Ist das _____ Kamera, die im Schaufenster lag?

10. Wir wohnen in verschiedenen Hochhäusern, aber in _____ Stock-

werk. **11.** Habt ihr _____ Schreibmaschinenmodell wie wir?

12. Mein schwedischer Freund und ich haben _____ politischen Ideen.

13. Ich hatte _____ Gedanken wie du. **14.** Er ist Vertreter

_____ Geschäftszweiges wie ich. **15.** Sie kommt heute mit

_____ Flugzeug wie am letzten Wochenende. **16.** Wir essen jeden Tag

_____ . **17.** Jetzt stehen wir wieder vor _____

Schwierigkeiten wie früher. **18.** Lest ihr in eurem Kurs _____ Texte

wie wir? **19.** _____ Laden habe ich schon einmal in München gesehen.

105 Eigenschaften

klein	*kleiner*		teuer	*teurer*
dünn	*dünner*		viel	*mehr*
groß	*größer*			

1. schnell _____

2. langsam _____

3. reich _____

4. dick _____

5. schlecht _____

6. hässlich _____

7. hübsch _____

8. fleißig _____

9. stark _____

10. schwach _____

11. arm _____

12. warm _____

13. jung _____

14. alt _____

15. gesund _____

16. dunkel _____

17. hoch _____

18. schlank _____

19. froh _____

20. gut _____

106 Hier soll ,,besser-'' eingesetzt werden

1. Er hat einen viel _____ Arbeitsplatz als ich. **2.** Gestern hatten wir

_____ Wetter als heute. **3.** Dein Vater hätte dir keinen _____

Rat geben können! **4.** Ob wir _____ Zeiten entgegengehen? **5.** Hier habe

ich dir ein Taschenmesser mitgebracht; ein _____ konnte ich nicht finden.

6. Er hat mich sehr enttäuscht; ich glaubte, er wäre ein _____ Freund.

7. Hattet ihr dieses Mal _____ Plätze im Flugzeug als auf eurer letzten Reise?

8. Viele Menschen müssen um _____ Lebensbedingungen kämpfen. **9.** Vor

jeder Wahl versprechen die Politiker _____ soziale Leistungen. **10.** Bei

_____ Sicht hätten wir schneller fahren können. **11.** Heute bin ich in

_____ gesundheitlicher Verfassung. **12.** Gut, dass du heute _____

Laune hast! **13.** Verdirb dir nicht die Augen! Du musst bei _____ Licht arbei-

ten! **14.** Das nächste Mal nehme ich mir ein _____ Hotelzimmer. **15.** Wir

wollen uns für _____ Arbeitsbedingungen einsetzen. **16.** Ich hatte ein

_____ Ergebnis erwartet. **17.** Du hast eine _____ Ausbildung

als ich. **18.** Ich kenne einen _____ Weg zur Küste als du. **19.** Wir bemühen

uns um _____ sportliche Leistungen. **20.** Du findest bestimmt keinen

_____ Platz als diesen.

107 So kann man neue Wörter bilden. (,,-ig'' oder ,,-lich'')

| das Herz | *herzlich* | der Zufall | *zufällig* |
| der Wind | *windig* | der Nebel | *neblig* |

1. die Gefahr _____

2. der Freund _____

3. das Jahr _____

4. der Tag _____

5. der Monat _____

6. die Woche _____

7. die Stunde _____

8. die Nacht _____

9. die Not _____

10. die Ecke _____

11. die Sonne _____

12. die Wolke _____

13. die Vorsicht _____

14. der Schreck _____

15. der Feind _____

16. die Ruhe _____

17. die Frau _____

18. das Weib _____

19. der Mann _____

20. das Kind _____

108 So kann man neue Wörter bilden. („-bar" oder „-haft")

wie ein Wunder	*wunderbar*
zum Ekeln	*ekelhaft*
es lässt sich nicht bezahlen	*unbezahlbar*

1. es scheint nur so _____
2. man kann es erkennen _____
3. es ist zu sehen _____
4. es ist nicht zu sehen _____
5. man kann es fühlen _____
6. man kann es wahrnehmen _____
7. es hat Fehler _____
8. es hat einen Mangel _____
9. es ist zu gebrauchen _____
10. es ist nicht zu gebrauchen _____
11. es ist nicht zu genießen _____
12. wie ein Meister _____
13. wie Laien _____
14. man kann es glauben _____
15. man kann es nicht glauben _____

109 So lassen sich neue Wörter bilden.

das Klima	*klimatisch*	die Kultur	*kulturell*
die Kunst	*künstlerisch*	die Nation	*national*

1. die Form _____   5. die Natur _____
2. das Theater _____   6. die Materie _____
3. die Literatur _____   7. die Musik _____
4. die Politik _____   8. das Aroma _____

9. das Dokument _____   14. die Partei _____

10. die Medizin _____   15. die Logik _____

11. das Rheuma _____   16. das Individuum _____

12. das Parlament _____   17. die Pädagogik _____

13. die Idee _____   18. die Biologie _____

110 So kann man seinen Wortschatz erweitern.

das Amt   *amtlich*   die Vernunft   *vernünftig*
der Sozialismus   *sozialistisch*   die Solidarität   *solidarisch*
der Luxus   *luxuriös*

1. der Kapitalismus _____   10. die Chemie _____

2. die Politik _____   11. die Medizin _____

3. die Religion _____   12. das Handwerk _____

4. die Wissenschaft _____   13. der Staat _____

5. die Technik _____   14. die Stadt _____

6. die Kunst _____   15. das Recht _____

7. die Natur _____   16. die Logik _____

8. die Musik _____   17. die Erziehung _____

9. die Physik _____   18. die Demokratie _____

111 Heißt es „auf" oder „in"?

1. Das Buch liegt _____ dem Schreibtisch.   2. Wer wohnt _____ diesem Haus?

3. Du sitzt _____ meinem Platz!   4. _____ welchem Betrieb arbeitet er?

5. _____ dieser Stadt leben ungefähr hunderttausend Menschen.   6. Seid vorsichtig

_____ der Straße!   7. Kinder dürfen nicht _____ der Fahrbahn spielen.   8. Wir

treffen uns oft _____ der Straße.   9. Wir stehen _____ der Treppe.   10. Was steht

_____ diesem Zettel?   **11.** Steht die Anschrift schon _____ dem Briefumschlag?

12. Ich klebe eine Briefmarke _____ den Briefumschlag.   **13.** Was steht _____

dem Brief?   **14.** Ich stecke den Brief _____ den Briefumschlag.   **15.** Steht etwas über

das politische Ereignis _____ der Zeitung?   **16.** _____ der ersten Seite steht ein

Bericht über den Unfall.   **17.** Liest du die Wohnungsanzeigen _____ der letzten Seite?

18. Wohnst du _____ der rechten oder linken Seite?   **19.** Mein Freund kann _____

keinen Fall kommen.   **20.** _____ diesem Fall hast du Recht.   **21.** _____ dieser Be-

ziehung hast du Recht.   **22.** Wir sonnen uns _____ dem Balkon.   **23.** Wohnt ihr

_____ dem Lande oder _____ der Stadt?   **24.** _____ dem Bahnhof gibt es

immer viel zu sehen.   **25.** Du musst mich _____ jeden Fall einmal besuchen.

112   Heißt es „auf" oder „für"?

1. Die Völker kämpfen _____ ihre Freiheit.   **2.** Die Belegschaft dieses Betriebes hat im-

mer _____ ein gutes Arbeitsklima gesorgt.   **3.** Wir haben heute viel zu tun; wir müssen

_____ unsere Pause verzichten.   **4.** Er hat sich geirrt; er hat mich _____ einen alten

Bekannten gehalten.   **5.** Wir danken unseren Freunden _____ ihre Unterstützung.

6. Die Kinder haben _____ den Rat ihres Vaters gehört.   **7.** Bist du _____ eine

Betriebsfeier? – Nein, ich bin dagegen.   **8.** Wir hoffen _____ eine gute Zusammenarbeit.

9. Ich kann mich _____ den Vorfall überhaupt nicht mehr besinnen.   **10.** Wenn man das

Wetter vorherbestimmen will, muss man genau _____ die Wolkenbildung achten.

11. Dieser Politiker garantiert _____ Freiheit, Gerechtigkeit und Wohlstand.   **12.** Gut,

dass ihr mir helfen wollt! Ich verlasse mich _____ euch.   **13.** Die Mehrzahl der Wähler

hat _____ den bisherigen Bürgermeister gestimmt.   **14.** Ich kenne Sie, aber ich kann

nicht _____ Ihren Namen kommen.   **15.** Hunde reagieren _____ Laute, die Men-

schen nicht wahrnehmen können.   **16.** Sie hat sich ihr ganzes Leben lang _____ die

Emanzipation der Frau eingesetzt.   **17.** _____ deinen Einsatz bist du schlecht belohnt worden. **18.** In seinem Brief bezieht er sich _____ unser letztes Gespräch. **19.** Mein Bruder vertritt eine Firma; er ist fast das ganze Jahr über _____ Reisen. **20.** Dieses Buch ist _____ Schüler bestimmt, die Deutsch lernen wollen.

113 Sagt man „auf" oder „für"?

1. Wir hoffen _____ besseres Wetter. **2.** _____ meine Freunde kann ich mich immer verlassen. **3.** Die Eltern sorgen _____ ihre Kinder. **4.** Ich freue mich sehr _____ deinen Besuch. **5.** Wir bedanken uns bei unseren Freunden _____ ihren Besuch. **6.** _____ wen wartest du? **7.** Autofahrer müssen _____ die Verkehrszeichen achten. **8.** Ich danke ihm _____ das schöne Geschenk. **9.** Wir bereiten uns _____ die Prüfung vor. **10.** Wir setzen uns _____ unsere politischen Ziele ein. **11.** Ich kann _____ deine Mitarbeit nicht verzichten. **12.** Wir kämpfen _____ unsere Rechte. **13.** Er macht uns _____ die Gefahren aufmerksam. **14.** Ich muss euch _____ eure Pflichten hinweisen. **15.** Er gibt viel Geld _____ Bücher aus. **16.** Bist du böse _____ mich? **17.** Er ist _____ einem Auge blind. **18.** Sei nicht so neidisch _____ ihn! **19.** Du eignest dich bestimmt gut _____ einen technischen Beruf. **20.** Ich bin _____ diese Aufgabe nicht geeignet. **21.** Wer ist in diesem Betrieb zuständig _____ Bewerbungen? **22.** Du kannst _____ deinen Erfolg stolz sein! **23.** Ich muss mich _____ meine neue Aufgabe einstellen. **24.** Wollt ihr mich _____ den Schaden verantwortlich machen? **25.** Bist du _____ sie eifersüchtig?

114 Heißt es „nach" oder „über"?

1. Die Fremden erkundigen sich _____ dem Weg. **2.** Die Schüler informieren sich _____ Ausbildungsmöglichkeiten in der Industrie. **3.** Wir fragen _____ der nächsten Bushaltestelle. **4.** Die Polizei sucht _____ dem Täter. **5.** Wir schimpfen _____ die steigenden Preise. **6.** Das Baby greift _____ dem Spielzeug.

7. Habt ihr _____ mich gesprochen? **8.** Der Zeuge musste vor Gericht _____ seine Beobachtungen aussagen. **9.** Er berichtete _____ seine Ostasienreise. **10.** Der Lehrer beurteilt die Schüler _____ ihren Leistungen. **11.** _____ den Preis konnten wir uns noch nicht einigen. **12.** Ich sehne mich _____ meiner Familie. **13.** Ich habe _____ meinem Notizbuch gesucht. **14.** Ich hatte mir Notizen _____ meine Beobachtungen gemacht. **15.** Was weißt du _____ die Europäische Gemeinschaft? **16.** Wir staunen _____ seine Erfolge. **17.** Er hat _____ Erfolg gestrebt. **18.** Mache dich nicht _____ mich lustig! **19.** Ich wundere mich _____ deine Ausdauer im Sport. **20.** _____ sein schlechtes Aussehen war ich sehr erschrocken. **21.** Die Lehrerin ist erstaunt _____ die guten Fortschritte ihrer Schüler. **22.** _____ diese Angelegenheit muss ich noch einmal nachdenken. **23.** Was hat er euch _____ uns erzählt? **24.** Der Patient klagt _____ heftige Kopfschmerzen.

115 Sagt man „über", „auf" oder „für"?

1. Wir freuen uns _____ die nächste Reise. **2.** Das Kind freut sich _____ das Spielzeug, das es zum Geburtstag bekommen hat. **3.** Ich staune _____ deinen Erfolg. **4.** Er ist sehr eifersüchtig _____ sie. **5.** Du darfst _____ mich nicht neidisch sein. **6.** _____ diese Nachricht sind wir sehr traurig. **7.** Dieses Klima ist _____ mich sehr gut. **8.** Er ist _____ diese schwere Arbeit nicht geeignet. **9.** Alkohol ist schädlich _____ unsere Gesundheit. **10.** Du kannst _____ deine Leistungen sehr stolz sein. **11.** Wir sind froh _____ die neueste Entwicklung. **12.** Die Touristen sind verärgert _____ die hohen Preise. **13.** Die Schüler sind gespannt _____ ihren neuen Lehrer. **14.** Die Aufenthaltserlaubnis ist _____ mich sehr wichtig. **15.** Ärgere dich nicht _____ die unfreundliche Behandlung!

116 Sagt man „an", „für" oder „über"?

1. Ich freue mich _____ deinen Brief. 2. Wir ärgern uns _____ den Straßen-

lärm. 3. Denkst du noch oft _____ unseren gemeinsamen Urlaub? 4. Sie leidet oft

_____ Kopfschmerzen. 5. Die Hamburger klagen _____ das regnerische Wet-

ter. 6. Wir danken euch _____ eure Hilfe. 7. Die Hausfrau sorgt _____

ihre Familie. 8. Erinnerst du dich noch _____ unseren alten Lehrer? 9. Ich kann

leider nicht _____ eurer Party teilnehmen. 10. Die Verbraucher schimpfen

_____ die steigenden Preise. 11. Glaubst du _____ deinen Erfolg? 12. Sie

bedankt sich _____ die Blumen. 13. Wir sprechen _____ unsere Pläne.

14. Ich kann mich _____ dieses Klima nicht gewöhnen. 15. Er erzählt mir viel

_____ seine Heimat. 16. Interessierst du dich _____ Technik? 17. Zwei-

felst du _____ meinem guten Willen? 18. Wenn ich Unterstützung brauche, wende

ich mich _____ meine Freunde. 19. Ich bin _____ eine fortschrittliche

Politik. 20. Er regt sich _____ die schlechte Behandlung auf. 21. Er beschwert sich

_____ die schlechte Behandlung. 22. Lachst du _____ mich? 23. Wir wun-

dern uns _____ das Wahlergebnis. 24. Ich entscheide mich _____ eine hand-

werkliche Ausbildung. 25. Stimmst du _____ den älteren Kandidaten?

117 Heißt es „sehr" oder „viel"?

1. Heute ist es _____ kalt. 2. Ich habe nicht _____ Zeit. 3. Sie erzählt

mir _____ von ihrer Reise. 4. Jeder möchte _____ Geld verdienen.

5. Bist du _____ hungrig? 6. Dieser Zeitungsartikel interessiert mich _____

7. In diesem Land regnet es _____ . 8. Wir wünschen dir _____ Erfolg bei

deiner Arbeit! 9. Ich muss mich _____ anstrengen, wenn ich die Prüfung bestehen

will. 10. Hamburg ist eine _____ große Stadt. 11. Diese Sängerin singt _____

gut. 12. Er fühlt sich an seinem neuen Arbeitsplatz _____ wohl. 13. Ich lese

_____ . **14.** Du liest _____ . **15.** Er liest _____ _____ .

16. Du liest _____ schnell. **17.** In Spanien ist es im Sommer _____ heiß.

18. Der Kranke fühlt sich noch _____ schwach. **19.** _____ Glück für das

neue Lebensjahr! **20.** Habt ihr auf eurer Reise _____ erlebt? **21.** Ja, wir haben auf

unserer Reise sogar _____ _____ erlebt. **22.** Du bist wirklich _____

neugierig! **23.** Er hat _____ Verständnis für unsere Probleme. **24.** Ich weiß nicht

_____ . **25.** Du weißt immer _____ Neues.

118 Heißt es „noch nicht" oder „nicht mehr"?

1. Das Kind ist erst fünf Jahre alt. Es geht _____ _____ zur Schule. **2.** Ich

muss jetzt nach Hause gehen. Ich kann _____ _____ hier bleiben. **3.** Fährst

du in diesem Jahr nach Griechenland? — Vielleicht, ich weiß es _____ _____

genau. **4.** Wir hatten einen Streit. Nun spricht er _____ _____ mit mir.

5. Früher schwamm er täglich eine Stunde. Jetzt kann er das _____ _____ .

6. Sind die Gäste schon gekommen? — Nein, sie sind _____ _____ hier.

7. Spricht er schon Deutsch? — Nein, _____ _____ . **8.** Arbeitet dein Vater

noch? — Nein, er ist schon 65 Jahre alt und kann _____ _____ arbeiten.

9. Wann bist du nach Deutschland gekommen? — Das weiß ich _____ _____

genau. **10.** Spielen Sie gern Schach? — Früher ja, aber jetzt _____ _____ .

11. Hast du dich schon auf die Prüfung vorbereitet? — Nein, _____ _____ .

12. Das Flugzeug hat schon eine Stunde Verspätung; es ist immer _____ _____

gemeldet; ich befürchte, es kommt _____ _____ .

119 Sagt man „hin" oder „her" („hin-" oder „her-")?

1. Komm mal schnell _____ ! Ich will dir was zeigen.   **2.** Du sollst jetzt _____-

kommen!   **3.** Als ich die Treppe _____aufgehen wollte, kam er gerade _____-

runter.   **4.** Mein Freund rief mich an: „Du, wir sind hier gerade in der neuen Diskothek. Komm

doch auch _____ !"   **5.** Ich antwortete: „Ich habe gerade noch etwas zu tun, aber

dann komme ich _____."   **6.** Traust du dich, auf diesen Baum _____aufzu-

klettern?   **7.** Ich klettere jetzt den Baum _____auf.   **8.** Das ist zu gefährlich. Komm

sofort wieder _____ unter!   **9.** Mein Nachbar rief: „Komm doch einen Augenblick

_____über. Ich will dir was zeigen."   **10.** Mein Freund stand auf der anderen Seite des

Baches. Ich rief: „Komm doch _____über!"   **11.** Mein Freund rief zurück: „Komm du

doch _____über! Ich habe keine Lust _____überzukommen."   **12.** Ich fiel

neulich die Treppe _____unter.   **13.** Ich klopfte an die Tür. Jemand rief: „ _____-

rein!"   **14.** Also ging ich _____ein.   **15.** Aber als derjenige mich sah, zeigte er auf die

Tür und schrie: „ _____aus!"   **16.** So machte ich, dass ich schnell wieder _____-

nauskam.   **17.**   Komm doch _____ein!   **18.** Wo kommst du denn _____ ?

120   zwar ..., aber

Er lebt schon lange in Frankreich.
Er spricht immer noch nicht gut
Französisch.

Er ist immer sehr freundlich zu
mir. Ich kann ihn nicht leiden.

*Er lebt zwar schon lange in Frank-
reich, aber er spricht immer noch
nicht gut Französisch.*

*Er ist zwar immer sehr freundlich zu
mir, aber ich kann ihn nicht leiden.*

1. Meine Nachbarn sind sehr beschäftigt. Sie sind immer hilfsbereit.   **2.** Sie ist erst sechs Jahre
alt. Sie spielt ausgezeichnet Klavier.   **3.** Wir sind schon sehr müde. Wir machen die Arbeit noch
fertig.   **4.** Sie hat wenig Zeit. Sie besucht ihre alten Eltern täglich.   **5.** Er ist schon alt. Er treibt
immer noch Sport.   **6.** Ich fühle mich hier wohl. Ich habe doch oft Heimweh.   **7.** Sie ist aus
dem Krankenhaus entlassen. Es geht ihr immer noch nicht gut.   **8.** Sie haben eine kleine Woh-
nung. Freunde können immer bei ihnen übernachten.   **9.** Deutsch lernen ist nicht schwer. Man
muss viel üben.   **10.** Die Wohnung gefällt mir. Sie ist mir zu teuer.

121 Was hast du gelernt? — Was haben Sie gelernt?

Bewerbungen schreiben

Ich habe gelernt, wie Bewerbungen geschrieben werden.

Formulare ausfüllen

Ich habe gelernt, wie Formulare ausgefüllt werden.

1. Verträge abschließen   **2.** Fahrpläne lesen   **3.** Texte übersetzen   **4.** Geschäftsbriefe beantworten   **5.** Anträge stellen   **6.** Gespräche führen   **7.** Telegramme aufgeben   **8.** Reisen vorbereiten   **9.** Speisen zubereiten   **10.** Maschinen reparieren   **11.** Säuglinge behandeln   **12.** elektrische Geräte pflegen   **13.** Zimmer tapezieren   **14.** Wände streichen   **15.** Kleider nähen   **16.** Zinsen berechnen

122 Welche Absicht hast du? — Welche Absicht haben Sie?

Ich fahre in den Süden.
Ich will mich erholen.

Ich fahre in den Süden, um mich zu erholen.

Ich strenge mich an. Ich will die Prüfung bestehen.

Ich strenge mich an, um die Prüfung zu bestehen.

1. Ich beachte die Vorschriften meines Arztes. Ich will schnell wieder gesund werden.   **2.** Ich bleibe drei Jahre in England. Ich will gründlich Englisch lernen.   **3.** Ich gehe zur Auskunft. Ich will mich nach der Ankunft des Flugzeuges erkundigen.   **4.** Ich trete einer Partei bei. Ich will mich politisch betätigen.   **5.** Ich stehe rechtzeitig auf. Ich will nicht zu spät kommen.   **6.** Ich gehe zum Arbeitsamt. Ich will mich über Ausbildungsmöglichkeiten beraten lassen.   **7.** Ich gewöhne mir das Rauchen ab. Ich will gesund bleiben.   **8.** Ich gehe früh zu Bett. Ich will morgens ausgeruht sein.   **9.** Ich treibe viel Sport. Ich will beweglich bleiben.   **10.** Ich lerne schnell Deutsch. Ich will Kontakt zu Deutschen finden.   **11.** Ich höre in meiner Freizeit oft Schallplatten. Ich will mich entspannen.   **12.** Ich höre täglich die Nachrichten. Ich will über das Tagesgeschehen informiert sein.   **13.** Ich gehe zum Arzt. Ich will mich untersuchen lassen.   **14.** Ich fahre vorsichtig. Ich will einen Unfall vermeiden.

123 Es geschah zur gleichen Zeit (während)

Mein Bruder schrieb einen Brief. Ich hörte Schallplatten.

Während mein Bruder einen Brief schrieb, hörte ich Schallplatten.

Wir unterhielten uns. Wir tranken ein Glas Wein.

Während wir uns unterhielten, tranken wir ein Glas Wein.

1. Wir hörten die Nachrichten. Es klingelte.   **2.** Ich schwamm. Meine Freundin lag am Strand und sonnte sich.   **3.** Im Norden schien die Sonne. In Süddeutschland gab es ein schweres Unwetter.   **4.** Die Hausfrau machte die Wohnung sauber. Ihr Mann kaufte ein.   **5.** Ich wartete auf den Zug. Ich las die Zeitung.   **6.** Der Schüler sprach. Der Lehrer machte sich Notizen.   **7.** Die Politiker verhandelten. Vor dem Gebäude wartete eine große Menschenmenge.   **8.** Ihr schlief noch. Ich bereitete das Frühstück vor. **9.** Wir aßen. Das Telefon klingelte. **10.** Sie feierten. Eine unangenehme Nachricht traf ein. **11.** Sie machte einen Schaufensterbummel. Er traf sich mit einem alten Schulfreund. **12.** Der Schüler bereitete sich auf die Prüfung vor. Er wurde krank. **13.** Er war in der Berufsausbildung. Sie verdiente das Geld für den Lebensunterhalt. **14.** Draußen stürmte und schneite es. Wir saßen gemütlich in einem Gasthaus und tranken heißen Punsch. **15.** Er war krank. Ich vertrat ihn. **16.** Sie schrieb. Ihr kamen viele gute Einfälle.

124 Hier kann man zwei Sätze zusammenfügen. (wenn)

Ich komme an. Ich nehme mir gleich ein Hotelzimmer.

Wenn ich ankomme, nehme ich mir gleich ein Hotelzimmer.

Er ist mit der Ausbildung fertig. Er geht in seine Heimat zurück.

Wenn er mit der Ausbildung fertig ist, geht er in seine Heimat zurück.

1. Ich kann gut Deutsch sprechen. Ich bewerbe mich um einen Arbeitsplatz. **2.** Ich gehe einkaufen. Ich wundere mich über die ständig steigenden Preise. **3.** Ihr besucht mich. Ihr müsst viel Zeit mitbringen. **4.** Der Wecker klingelt. Ich muss sofort aufstehen. **5.** Ein Fußgänger steht am Zebrastreifen. Der Autofahrer muss anhalten. **6.** Meine Freunde verreisen. Sie lassen ihren Wohnungsschlüssel bei mir. **7.** Die Blumen sind verwelkt. Du musst sie wegwerfen. **8.** Du gehst weg. Du musst das Licht ausschalten. **9.** Ich gehe spazieren. Ich denke über vieles nach. **10.** Ich komme nach Istanbul. Ich besichtige die Blaue Moschee. **11.** Ihr trefft meinen Freund. Ihr müsst ihn von mir grüßen. **12.** Wir mieten die Altbauwohnung. Wir werden sie gründlich renovieren.

125 Diese beiden Sätze lassen sich zusammenfügen. (als)

Ich kam an. Ich nahm mir sofort ein Hotelzimmer.

Als ich ankam, nahm ich mir sofort ein Hotelzimmer.

Er war krank. Er las viel.

Als er krank war, las er viel.

1. Du riefst mich an. Ich schlief noch. **2.** Die Studentin kam nach Deutschland. Sie sprach noch nicht Deutsch. **3.** Wir gingen im Stadtpark spazieren. Wir trafen unseren Nachbarn. **4.** Der Freund reiste ab. Alle waren traurig. **5.** Wir lebten in Paris. Wir lernten uns kennen. **6.** Wir fuhren neulich in die Lüneburger Heide. Wir hatten eine Reifenpanne. **7.** Der Wecker klingelte. Ich sprang sofort aus dem Bett. **8.** Sie war 25 Jahre alt und hatte ihre Ausbildung abgeschlossen. Sie heiratete. **9.** Wir trafen uns neulich beim Einkaufen. Wir unterhielten uns lange. **10.** Ich war mit meiner Berufsausbildung fertig. Ich ging für ein paar Jahre ins Ausland. **11.** In der Bundesrepublik gab es einen Arbeitskräftemangel. Viele ausländische Arbeitnehmer kamen. **12.** Ich war krank. Meine Mutter versorgte mich.

126 Vermutungen

Es scheint, dass das Wetter wieder besser wird.	*Das Wetter scheint wieder besser zu werden.*
Es scheint, dass sich sein Gesundheitszustand gebessert hat.	*Sein Gesundheitszustand scheint sich gebessert zu haben.*

1. Es scheint, dass das Medikament bei ihm gut anschlägt.   **2.** Es scheint, dass die Behandlung gut wirkt.   **3.** Es scheint, dass die neue Partei immer mehr Anhänger gewinnt.   **4.** Es scheint, dass sich viele Jugendliche jetzt wieder mehr für klassische Musik interessieren.   **5.** Es scheint, dass der allgemeine Wohlstand die Menschen immer egoistischer macht.   **6.** Es scheint, dass immer noch viele Menschen den politischen Entwicklungen gleichgültig gegenüberstehen.   **7.** Es scheint, dass viele Menschen trotz guter Informationsmöglichkeiten politisch nicht mündig sind.   **8.** Es scheint, dass das Klima Auswirkungen auf die Mentalität der Menschen hat.   **9.** Es scheint, dass die Umwelteinflüsse sich stärker auf die Entwicklung eines Menschen auswirken als seine Erbfaktoren.   **10.** Es scheint, dass die Umweltverschmutzung aufgehalten werden kann.   **11.** Es scheint, dass die deutsche Sprache doch nicht so schwierig ist, wie man immer sagt.   **12.** Es scheint, dass diese Blumen schnell verblühen.

127 Immer wenn ...   Jedes Mal wenn ...

Ich fahre nach Berlin. Ich besuche meine Verwandten.	*Immer wenn ich nach Berlin fahre, besuche ich meine Verwandten.*
	Jedes Mal wenn ich nach Berlin fahre, besuche ich meine Verwandten.

1. Wir trafen uns. Er klagte über seine schwere Arbeit.   **2.** Sie macht eine Reise. Sie bereitet sich gründlich darauf vor.   **3.** Ich wollte sie besuchen. Sie war nicht zu Hause.   **4.** Ihr kommt nach Hamburg. Es regnet.   **5.** Er bekam einen Brief aus seiner Heimat. Er hatte Heimweh.   **6.** Du riefst mich an. Ich hatte wenig Zeit.   **7.** Es klingelt. Der Hund bellt.   **8.** Du kommst. Es gibt Streit.   **9.** Wir wollten ausgehen. Es kam uns etwas dazwischen.   **10.** Das Wetter ist schön. Ich fahre mit dem Fahrrad zur Arbeit.   **11.** Ich besuche meinen alten Vater. Ich nehme ihm eine Flasche Rotwein mit.   **12.** Wir kamen zusammen. Wir sprachen über Politik.

128 Diese Sätze kann man zusammenfügen.

Der Mann ist mein Lehrer.
Der Mann geht dort.

Der Mann, der dort geht, ist mein Lehrer.

Die Dame kommt aus der Türkei. Die Dame sitzt dort.

Die Dame, die dort sitzt, kommt aus der Türkei.

Das Kind gehört meiner Schwester. Das Kind spielt dort im Sandkasten.

Das Kind, das dort im Sandkasten spielt, gehört meiner Schwester.

1. Das Bild ist berühmt. Das Bild hängt dort drüben an der Wand.   **2.** Die Schere ist stumpf. Die Schere liegt dort oben auf dem Regal.   **3.** Der Herr ist mein neuer Kollege. Der Herr steht dort hinten an der Ecke.   **4.** Die Bücher sind neu. Die Bücher liegen hier neben mir.   **5.** Der Zug kommt aus München. Der Zug fährt gerade auf Gleis zehn ein.   **6.** Die Frau war sehr hübsch. Die Frau saß im Restaurant neben uns.   **7.** Die Schüler kommen aus Lateinamerika. Die Schüler lernen hier in Köln Deutsch.   **8.** Der Ring war sehr wertvoll. Der Ring ist verschwunden.   **9.** Jenes Gebirge ist der Schwarzwald. Das Gebirge ist am Horizont zu sehen. **10.** Die Stadt war im Mittelalter bedeutend und reich. Die Stadt ist heute verlassen und zerfallen.   **11.** Die Übungen sind besonders schwierig. Die Übungen müssen wiederholt werden. **12.** Die Waren müssen bei Lieferung bezahlt werden. Die Waren wurden von euch bestellt.

129 Diese Sätze können zusammengefügt werden.

Ich kaufe den Regenschirm. Wir haben den Regenschirm neulich im Schaufenster gesehen.

Ich kaufe den Regenschirm, den wir neulich im Schaufenster gesehen haben.

Ich besuche die alte Dame. Ich habe die alte Dame kürzlich kennen gelernt.

Ich besuche die alte Dame, die ich kürzlich kennen gelernt habe.

1. Ich verschiebe die Reise. Ich habe die Reise neulich gebucht.   **2.** Ich verstehe jetzt die Regeln. Du hast mir die Regeln erklärt.   **3.** Ich besichtige den Neubau. Mein Freund hat mir den Neubau empfohlen.   **4.** Ich habe den Aufsatz gelesen. Du hast den Aufsatz geschrieben. **5.** Ich übersetze den Text. Ich habe den Text in der Zeitung gelesen.   **6.** Ich verbessere den Satz. Ich habe den Satz ungenau übersetzt.   **7.** Ich bereite das Essen vor. Ich will das Essen meinen Gästen anbieten.   **8.** Ich gucke mir den gebrauchten Wagen genau an. Ich will den gebrauchten Wagen vielleicht kaufen.   **9.** Ich habe meine Armbanduhr verloren. Ich habe mir die Armbanduhr gerade gekauft.   **10.** Ich packe meinen Koffer. Ich will meinen Koffer mit der Bahn vorausschicken.   **11.** Ich halte das Versprechen. Ich habe dir das Versprechen gegeben. **12.** Ich wähle den Politiker. Ich halte den Politiker für sehr fortschrittlich.

130 Diese Sätze kann man zusammenfassen.

Der Schüler kommt aus der Türkei. Ich habe gerade mit dem Schüler gesprochen.

Der Schüler, mit dem ich gerade gesprochen habe, kommt aus der Türkei.

1. Die Dame ist Ärztin. Er hat sich vorhin mit der Dame unterhalten. **2.** Das kleine Mädchen ist meine jüngste Schwester. Ich ging mit dem kleinen Mädchen spazieren. **3.** Der Gegenstand war sehr hart. Der Täter zerschlug mit dem Gegenstand die Fensterscheibe. **4.** Der Herr ist gerade mit dem Flugzeug aus Athen gekommen. Ich will mich mit dem Herrn im Flughafenrestaurant treffen. **5.** Die Studentin studiert Medizin. Wir haben mit der Studentin diskutiert. **6.** Das Auto ist noch ganz neu. Wir wollen mit dem Auto eine Reise durch Südfrankreich machen. **7.** Die Leute sind unsere Nachbarn. Wir haben uns mit den Leuten in der Stadt verabredet. **8.** Die Kinder verbringen jeden Vormittag im Kindergarten. Wir haben mit den Kindern Ball gespielt. **9.** Meine Freunde spielen sehr gern Schach. Ich treffe mich jedes Wochenende mit meinen Freunden. **10.** Die Kollegin arbeitet für unsere Firma in London. Ich telefoniere regelmäßig mit der Kollegin. **11.** Das Mädchen ist Französin. Ich gehe oft mit dem Mädchen aus. **12.** Die Straßenbahn soll stillgelegt werden. Ich fahre täglich mit der Straßenbahn zur Arbeit.

Schlüssel

ÜBUNG 1 **1.** ich bleibe; er bleibt **2.** ich komme; er kommt **3.** ich rufe; er ruft **4.** ich lerne; er lernt **5.** ich lache; er lacht **6.** ich weine; er weint **7.** ich suche etwas; er sucht etwas **8.** ich kaufe etwas; er kauft etwas **9.** ich bezahle etwas; er bezahlt etwas **10.** ich bringe etwas; er bringt etwas **11.** ich hole etwas; er holt etwas **12.** ich schreibe; er schreibt **13.** ich unterschreibe; er unterschreibt **14.** ich danke; er dankt **15.** ich denke; er denkt **16.** ich mache etwas; er macht etwas **17.** ich stehe; er steht **18.** ich höre; er hört **19.** ich spiele; er spielt **20.** ich verstehe; er versteht

ÜBUNG 2 **1.** Wirfst du? – Ja, ich werfe. **2.** Triffst du? – Ja, ich treffe. **3.** Hältst du? – Ja, ich halte. **4.** Läufst du? – Ja, ich laufe. **5.** Fängst du? – Ja, ich fange. **6.** Fängst du an? – Ja, ich fange an. **7.** Sprichst du? – Ja, ich spreche. **8.** Liest du? – Ja, ich lese. **9.** Siehst du etwas? – Ja, ich sehe etwas. **10.** Unterbrichst du? – Ja, ich unterbreche. **11.** Widersprichst du? – Ja, ich widerspreche. **12.** Wäschst du? – Ja, ich wasche. **13.** Schläfst du? – Nein, ich schlafe nicht. **14.** Gibst du etwas? – Ja, ich gebe etwas. **15.** Nimmst du etwas mit? – Ja, ich nehme etwas mit. **16.** Isst du? – Ja, ich esse. **17.** Bewirbst du dich? – Ja, ich bewerbe mich. **18.** Unterhältst du dich? – Ja, ich unterhalte mich. **19.** Misst du? – Ja, ich messe. **20.** Fährst du ab? – Ja, ich fahre ab.

ÜBUNG 3 **1.** kaufe **2.** Kaufst **3.** kaufen **4.** kauft **5.** Kauft **6.** kauft **7.** kauft **8.** kaufen **9.** kauft **10.** kaufen **11.** kauft/kaufen **12.** kaufen **13.** Kaufen **14.** Kauft **15.** kauft **16.** kauft **17.** kaufen **18.** Kauft **19.** kaufen **20.** kaufen **21.** kaufen **22.** kauft

ÜBUNG 4 **1.** ich arbeite; er arbeitet **2.** ich streite; er streitet **3.** ich finde etwas; er findet etwas **4.** ich bitte um etwas; er bittet um etwas **5.** ich bete; er betet **6.** ich sende etwas; er sendet etwas **7.** ich leide; er leidet **8.** ich vermeide etwas; er vermeidet etwas **9.** ich reite; er reitet **10.** ich antworte; er antwortet **11.** ich rede; er redet **12.** ich betrachte etwas; er betrachtet etwas **13.** ich beobachte etwas; er beobachtet etwas **14.** ich beachte etwas; er beachtet etwas **15.** ich berichte; er berichtet **16.** ich verabrede mich; er verabredet sich **17.** ich biete etwas an; er bietet etwas an **18.** ich bereite etwas vor; er bereitet etwas vor **19.** ich erkälte mich; er erkältet sich **20.** ich entscheide mich; er entscheidet sich

ÜBUNG 5 **1.** binde mir ... um **2.** setze mir ... auf **3.** nähe mir ... an **4.** knöpfe mir ... zu **5.** mache mir ... zu **6.** ziehe mir ... aus **7.** gucke mir ... an **8.** fahre ... weg **9.** steige ... ein **10.** steige ... aus **11.** lese ... durch **12.** schreibe ... ab **13.** fange ... an **14.** höre ... auf **15.** schreibe ... auf **16.** fahre ... ab **17.** komme ... an **18.** mache ... an **19.** mache ... aus **20.** schließe ... ab

ÜBUNG 6 **1.** kann ... versprechen **2.** kann ... fahren **3.** Kannst du nicht schlafen? **4.** Könnt ihr nicht schlafen? **5.** Kannst du ... lesen? **6.** kann ... sprechen **7.** Kannst du ... sprechen? **8.** Könnt ihr ... sprechen? **9.** Kannst du ... sehen? **10.** Kann sie ... tragen? **11.** kann ... teilnehmen **12.** können ... anfangen **13.** könnt ... aufhören **14.** kann sich ... anziehen **15.** Kannst du ... kommen? **16.** kann ... kommen **17.** Können Sie ... übersetzen? **18.** kann ... verstehen **19.** können ... abholen **20.** Kannst du ... erklären?

ÜBUNG 7 **1.** kenne **2.** Kannst **3.** Kennt **4.** Kann **5.** kenne **6.** Kennt **7.** kennen **8.** kann **9.** Können **10.** Kennst **11.** können **12.** könnt **13.** Kennt **14.** Kennst

15. Kannst **16.** kann **17.** kenne **18.** können **19.** kennen **20.** kennst **21.** kannst
22. kennen **23.** kannst **24.** kennst

ÜBUNG 8 **1.** weiß **2.** Weißt **3.** weiß **4.** wissen **5.** Wisst **6.** Wissen **7.** weißt **8.** Wisst
9. Wissen **10.** Weißt **11.** weiß **12.** wissen **13.** weiß **14.** weiß **15.** wissen **16.** Weißt
17. Wisst **18.** wisst **19.** weißt **20.** weiß **21.** wissen **22.** wissen **23.** wissen **24.** wissen

ÜBUNG 9 **1.** will ... erkundigen. **2.** willst ... fahren. **3.** Willst ... sprechen? **4.** will
... einladen. **5.** will ... besuchen. **6.** Willst ... lesen? **7.** Will ... zurückgeben? **8.** Wollt
... teilnehmen? **9.** Willst ... verreisen? **10.** Wollt ... gehen ... fahren? **11.** Willst ... neh-
men? **12.** Willst ... waschen? **13.** Will ... ansehen? **14.** Willst ... ansehen? **15.** Wollt
... ausziehen? **16.** wollen ... treffen. **17.** will ... bitten. **18.** will ... helfen. **19.** Will
... helfen? **20.** wollen ... aufhören.

ÜBUNG 10 **1.** müsst ... beeilen. **2.** muss ... gehen. **3.** muss ... übersetzen. **4.** musst ...
fahren? **5.** müsst ... anziehen. **6.** muss ... vorbereiten. **7.** müssen ... umziehen. **8.** muss
... aufpassen. **9.** musst ... ausruhen. **10.** muss ... lesen. **11.** muss ... lernen. **12.** musst
... bringen? **13.** müsst ... gehen? **14.** muss ... fragen. **15.** müssen ... fragen. **16.** müssen
... helfen. **17.** musst ... sein. **18.** müssen ... sein. **19.** müsst ... beantragen? **20.** muss
... trinken.

ÜBUNG 11 **1.** Magst **2.** mag **3.** Mögt **4.** mögen **5.** mag **6.** Mögt **7.** Magst **8.** Mögen
9. mag **10.** mag **11.** mögen **12.** magst **13.** mögt **14.** mögen **15.** mag **16.** mögt
17. mögen **18.** Magst **19.** mag **20.** mögen **21.** mag **22.** Mögt **23.** mögen **24.** mag

ÜBUNG 12 **1.** haben **2.** habe **3.** hat **4.** hat **5.** Habt **6.** Hast **7.** Habt **8.** haben
9. haben **10.** hat **11.** Hast **12.** Habt **13.** Haben **14.** habe **15.** hat **16.** Habt **17.** Hast
18. Haben **19.** haben **20.** hat **21.** hast **22.** habt **23.** hast **24.** Haben

ÜBUNG 13 **1.** bin **2.** Bist **3.** sind **4.** ist **5.** seid **6.** Seid **7.** Sind **8.** bin **9.** ist; ist
10. ist **11.** Ist **12.** sind **13.** Seid **14.** Bist **15.** ist **16.** ist **17.** Bist **18.** Ist **19.** Sind
20. Sind **21.** ist **22.** Ist **23.** ist **24.** ist

ÜBUNG 14 **1.** startet **2.** landet **3.** steigen **4.** blühen **5.** geht auf **6.** sinkt **7.** spielt
8. schmerzt **9.** stört **10.** geht unter **11.** altert **12.** brennt **13.** kommen an **14.** steigen
aus **15.** heult auf **16.** funktioniert **17.** schaukelt **18.** überzeugt **19.** strengt an **20.** fal-
len auf

ÜBUNG 15 **1.** Ihr beschwert euch. **2.** Du wunderst dich. **3.** Sie bedankt sich. (Sie bedan-
ken sich.) **4.** Ihr bemüht euch. **5.** Ich beeile mich. **6.** Wir erkundigen uns. **7.** Er ruht sich
aus. **8.** Ihr strengt euch an. **9.** Wir sehen uns um. **10.** Ihr zieht euch um. **11.** Du erholst
dich. **12.** Sie erkältet sich. (Sie erkälten sich.) **13.** Er bewirbt sich. **14.** Ich erinnere mich.
15. Ihr entscheidet euch. **16.** Ihr amüsiert euch. **17.** Er äußert sich nicht.

ÜBUNG 16 **1.** hat ... begonnen? **2.** haben uns verabschiedet **3.** habt ... gewartet
4. habt ... bezahlt **5.** hat ... gestanden? **6.** hat ... gesucht **7.** haben ... beantragt
8. Hast ... geholfen? **9.** hat ... geschrieben **10.** Hast ... gelesen? **11.** habe ... gefunden

12. Hat ... gelogen? **13.** hast ... gewonnen **14.** habe ... verloren **15.** hat ... geschnitten **16.** habe ... zerrissen **17.** habe ... geworfen **18.** hast ... gefangen **19.** hat ... vergessen **20.** hat ... gesteckt

ÜBUNG 17 **1.** ist ... gerannt **2.** sind ... geschwommen **3.** Bist ... gesprungen? **4.** ist weggelaufen **5.** sind ... geklettert **6.** sind ... gegangen **7.** sind ... geflogen **8.** ist ... gelandet **9.** ist ... gerast **10.** ist ... gekommen **11.** seid ... gestiegen **12.** bin ... gestiegen **13.** Seid ... gesprungen? **14.** Bist ... gefahren? **15.** ist ... gefallen **16.** ist ... gestürzt **17.** bin ... begegnet **18.** sind ... geblieben

ÜBUNG 18 **1.** habe ... durchgeschnitten **2.** habe ... abgebrochen **3.** habe ... ausgegossen **4.** habe ... durchgestrichen **5.** habe ... abgeschrieben **6.** habe ... durchgelesen **7.** habe ... abgegeben **8.** habe ... weggebracht **9.** habe ... zugeklebt **10.** habe ... durchgerissen **11.** habe ... abgeholt **12.** habe ... angesehen **13.** habe ... ausgeruht **14.** habe ... nachgedacht **15.** habe ... weggenommen **16.** bin ... eingetreten **17.** bin ... wiedergekommen **18.** bin ... angekommen **19.** habe ... angefangen **20.** habe ... aufgehört

ÜBUNG 19 **1.** habe ... geschrieben **2.** habe ... abgeschickt **3.** habe ... bekommen **4.** habe ... gemacht **5.** habe ... bestanden **6.** habe ... erhalten **7.** habe ... vorgestellt **8.** habe ... angesehen **9.** habe ... gewöhnt **10.** habe ... gesucht **11.** habe ... interessiert **12.** habe ... teilgenommen **13.** habe ... vorbereitet **14.** habe ... gebracht **15.** habe ... angegeben **16.** habe ... eingerichtet

ÜBUNG 20 **1.** haben uns ... gestellt **2.** haben ... untergestellt **3.** hat ... unterstellt **4.** habe ... übersetzt; habe ... umschrieben **5.** habe ... umgeschrieben **6.** haben ... übersetzt **7.** hat ... übergesetzt **8.** hat ... übergangen **9.** ist ... übergegangen **10.** haben ... umfahren **11.** hat ... umgefahren **12.** haben ... umgangen **13.** sind ... gegangen **14.** habe ... voll gefüllt **15.** hat ... vollendet **16.** habt ... vollbracht **17.** habe ... umgestellt **18.** hat ... umstellt **19.** haben sich ... gestellt **20.** haben ... umgebaut **21.** haben ... umbaut **22.** haben ... gebaut

ÜBUNG 21 **1.** habe ... gesprochen **2.** habe mich ... versprochen **3.** habe ... versprochen **4.** habe ... geschrieben **5.** habe mich ... verschrieben **6.** hat ... verschrieben **7.** habe ... gelernt **8.** habe ... verlernt **9.** bin ... gereist **10.** bin ... verreist **11.** habe ... geheiratet **12.** habe mich ... getroffen **13.** habe ... getragen **14.** habe mich ... vertragen **15.** habe ... vertragen

ÜBUNG 22 **1.** goss **2.** schoben **3.** schlossen **4.** rochen **5.** verbot **6.** wog **7.** bogen **8.** floss **9.** zogen **10.** zog **11.** wog **12.** schoss

ÜBUNG 23 **1.** liefen **2.** ließ **3.** bewies **4.** hielten **5.** hielt **6.** hieß **7.** rieben **8.** stieß **9.** rieten **10.** blieb **11.** gefiel **12.** schlief **13.** rief **14.** fiel **15.** hieß **16.** fiel

ÜBUNG 24 **1.** sahen **2.** saßen **3.** gab **4.** aßen **5.** betrat **6.** lagen **7.** geschahen **8.** gaben **9.** bat **10.** trat **11.** vergaß **12.** geschah **13.** baten **14.** saß/las

ÜBUNG 25 1. wuchsen 2. trugen 3. wuschen 4. schlug 5. gruben 6. schlug 7. schlug 8. schlug 9. zerschlug 10. fuhren 11. wusch 12. wusch 13. fuhr 14. trug

ÜBUNG 26 1. schnitt 2. stritten 3. pfiffen 4. zerriss 5. ritten 6. litt 7. schmissen 8. begriff 9. griff 10. strich 11. blieb 12. schien 13. schien 14. schien 15. schrie 16. schrie 17. stiegen 18. stiegen 19. schwiegen 20. schwieg 21. lieh 22. liehen 23. verzieh 24. verschwieg 25. rieben 26. hieß

ÜBUNG 27 1. werde ... fahren 2. werden ... besuchen 3. wird ... einladen 4. werden ... besichtigen 5. wird ... vorbereiten 6. werde ... ansehen 7. werden ... müssen 8. werde ... bewerben 9. wird ... treiben 10. werden ... müssen 11. wird ... kaufen 12. werden ... bleiben 13. werde ... lassen 14. wird ... mitnehmen 15. werde ... müssen

ÜBUNG 28 1. muss geputzt werden 2. müssen gepflegt werden 3. müssen gestrichen werden 4. muss gewaschen werden 5. muss gebügelt werden 6. müssen geschliffen werden 7. müssen angespitzt werden 8. müssen geölt werden 9. müssen gelernt werden 10. müssen erklärt werden 11. müssen korrigiert werden 12. müssen erfüllt werden 13. müssen gehalten werden 14. müssen festgezogen werden 15. müssen eingehalten werden 16. müssen beachtet werden 17. müssen bewältigt werden 18. müssen vermieden werden

ÜBUNG 29 1. konntet nicht überredet werden 2. konnten nicht beruhigt werden 3. konnte nicht geöffnet werden 4. konnten nicht geschlossen werden 5. konnte nicht besiegt werden 6. konnte nicht geschlagen werden 7. konnte nicht entdeckt werden 8. konnte nicht geheilt werden 9. konnte nicht gelöst werden 10. konnte nicht übersehen werden 11. konnte nicht überhört werden 12. konnte nicht mehr gerettet werden 13. konnten nicht aus der Ruhe gebracht werden 14. konnte nicht mehr repariert werden 15. konnte nicht mehr gebraucht werden 16. konnten nicht wörtlich übersetzt werden

ÜBUNG 30 1. wird ... erzeugt 2. wird ... gefördert 3. wird ... geschnitten 4. werden ... gebaut 5. werden ... hergestellt 6. werden ... gewebt 7. wird ... getöpfert 8. werden ... geschaffen 9. werden ... verlegt 10. wird ... gebraut 11. werden ... hergestellt 12. werden ... gemahlen 13. werden ... gezogen 14. wird ... gereinigt 15. werden ... verkauft 16. werden ... erzeugt 17. werden ... angeboten 18. werden ... ausgeliehen

ÜBUNG 31 1. ist abgeholt worden 2. sind eingeladen worden 3. Seid gebracht worden 4. Bist informiert worden 5. Seid eingewiesen worden 6. sind ... erstattet worden 7. sind unterstützt worden 8. bin ausgefragt worden 9. ist vernommen worden 10. sind versorgt worden 11. ist gelesen worden 12. ist verurteilt worden 13. ist freigesprochen worden 14. ist verhaftet worden 15. bin entlassen worden 16. Bist angerufen worden 17. ist bezahlt worden 18. bin ausgebildet worden 19. ist übersetzt worden 20. ist zugeschickt worden

ÜBUNG 32 1. Das Essen ist jetzt vorbereitet. 2. Die Wohnung ... ausgeräumt. 3. Der Vertrag ... unterschrieben. 4. Meine Wohnung ... eingerichtet. 5. Das Geld ... eingezahlt. 6. Das Geld ... abgehoben. 7. Die Tür ... zugeschlossen. 8. Der Apparat ... eingeschaltet. 9. Das Band ... durchgerissen. 10. Der Wecker ... aufgezogen. 11. Die Formulare sind ... ausgefüllt. 12. Der Keller ... aufgeräumt. 13. Die Räume sind ... ausgemessen. 14. Das Geschirr ... abgewaschen. 15. Die Gefäße sind ... ausgespült. 16. Die Papiere sind ... aufgehoben.

ÜBUNG 33   1. Nimm das!   2. Gib mir das!   3. Sieh her!   4. Lies weiter!   5. Hilf mir!   6. Vergiss nichts!   7. Miss das Zimmer aus!   8. Fang an!   9. Hör auf!   10. Schlafe nicht ein!   11. Sieh nicht dort hin (Sieh dort nicht hin!)   12. Sprich nicht so laut!   13. Drängle dich nicht vor!   14. Überanstrenge dich nicht!   15. Bereite dich vor!   16. Beunruhige dich nicht!   17. Beklage dich nicht!   18. Ärgere dich nicht!   19. Rege dich nicht auf!   20. Mach dir keine Sorgen!

ÜBUNG 34   1. Sei vernünftig!   2. Sei pünktlich!   3. Sei höflich!   4. Sei nicht so laut!   5. Sei nicht so vorlaut!   6. Seid freundlich!   7. Seid nicht so unfreundlich!   8. Seid zufrieden!   9. Seid nicht so unzufrieden!   10. Seid nicht so albern!   11. Seid aufmerksamer!   12. Seid umsichtiger!   13. Seid freundlicher!   14. Seien Sie vorsichtig!   15. Seien Sie vorsichtiger!   16. Seien Sie ruhig!   17. Seien Sie nicht so ängstlich!   18. Seien Sie rücksichtsvoller!   19. Seien Sie nicht immer so unpünktlich!   20. Sei nicht so rücksichtslos!

ÜBUNG 35   1. Lass dich nicht überreden! Lassen Sie sich nicht überreden!   2. Bereite dich ... vor! Bereiten Sie sich ... vor!   3. Erkundige dich ...! Erkundigen Sie sich ...!   4. Erhol(e) dich! Erholen Sie sich!   5. Mach(e) dich nicht ...! Machen Sie sich nicht ...!   6. Ruh(e) dich ... aus! Ruhen Sie sich ... aus!   7. Zieh(e) dich ... um! Ziehen Sie sich ... um!   8. Stell(e) dich ... vor! Stellen Sie sich ... vor!   9. Einige dich ...! Einigen Sie sich ...!   10. Beteilige dich ...! Beteiligen Sie sich ...!   11. Freu(e) dich ...! Freuen Sie sich ...!   12. Ärgere dich nicht ...! Ärgern Sie sich nicht ...!   13. Lass dich nicht ...! Lassen Sie sich nicht ...!   14. Bewirb dich ...! Bewerben Sie sich ...!   15. Entscheide dich ...! Entscheiden Sie sich ...!   16. Streng(e) dich an! Strengen Sie sich an!   17. Beeil(e) dich! Beeilen Sie sich!   18. Sieh dich nicht um! Sehen Sie sich nicht um!

ÜBUNG 36   1. hier zu warten   2. ihr zu helfen   3. noch hier zu bleiben   4. die Rechnung nicht zu bezahlen   5. mich zu setzen   6. an ... abzubiegen   7. bald wiederzukommen   8. aufzupassen   9. weiterzugehen   10. ihren Urlaub ... zu verbringen   11. sie ... anzurufen   12. ihr ... anzubieten   13. ihr seinen ... vorzulesen   14. mehr auf meine Gesundheit zu achten   15. sich nach seiner Ankunft zu melden   16. ... zu essen

ÜBUNG 37   1. dass er bald komme   2. nicht fahre   3. für ihn bestimmt die beste sei   4. regne   5. sie ... gesund sei   6. untersucht werde   7. du von deinen Freunden abgeholt werdest   8. er mir ... helfe   9. er mir ... helfen müsse   10. sie ... machen wolle   11. der Unterricht ... anfange   12. der Bus ... abfahre   13. sie ... sprechen könne   14. sein Freund ... spreche

ÜBUNG 38   1. Wenn er ... sprechen würde, verstünde man ihn.   2. Wenn ... scheinen würde, gingen wir spazieren.   3. Wenn du ... sprechen würdest, bekämst du ... .   4. Wenn wir uns beeilen würden, erreichten wir ... noch.   5. Wenn du ... kommen würdest, hättest du ... .   6. Wenn ich keine ... machen würde, ginge ich öfter ... .   7. Wenn du ... lesen würdest, wärest du informiert.   8. Wenn ihr ... sprechen würdet, fändet ihr ... schnell Anschluss.   9. Wenn sie Interesse ... zeigen würden, zeigte ich ihnen Bilder.   10. Wenn es gute Verkehrsverbindungen geben würde, führe ich nicht mit meinem Wagen.

ÜBUNG 39   1. ein   2. eine   3. ein   4. ein   5. eine   6. ein   7. ein   8. eine   9. eine   10. ein   11. ein   12. ein   13. eine   14. eine   15. eine   16. eine   17. ein   18. ein   19. ein   20. eine   21. ein   22. ein   23. ein   24. ein   25. ein   26. ein   27. eine   28. ein   29. eine   30. ein   31. ein   32. ein   33. eine   34. ein   35. ein   36. ein   37. ein   38. eine   39. ein   40. ein

ÜBUNG 40   1. das Tischchen   2. das Stückchen   3. das Tierchen   4. das Schüsselchen   5. das Schlüsselchen   6. das Fingerchen   7. das Händchen   8. das Füßchen   9. das Häuschen   10. das Bäumchen   11. das Sträußchen   12. das Blümchen   13. das Röschen   14. das Näschen   15. das Häschen   16. das Höschen   17. das Fläschchen   18. das Tässchen

ÜBUNG 41   1. demselben   2. derselben   3. derselben   4. denselben   5. denselben   6. derselben   7. denselben   8. demselben   9. derselben   10. dasselbe   11. demselben   12. denselben   13. dasselbe   14. dasselbe   15. derselben   16. dasselbe   17. denselben   18. desselben   19. dasselbe   20. denselben

ÜBUNG 42   1. die Reisetasche   2. der Lederkoffer   3. der Werkzeugkasten   4. die Energieversorgung   5. der Lastwagen   6. die Unfallversicherung   7. die Stahlindustrie   8. das Abschlusszeugnis   9. die Abschlussprüfung   10. der Gartenzaun   11. die Kaffeetasse   12. das Weinglas   13. das Vogelnest   14. der Buchumschlag   15. das Bücherregal   16. der Blumenstrauß   17. die Personalabteilung   18. der Kleiderschrank   19. der Bilderrahmen   20. das Stadtzentrum

ÜBUNG 43   1. die Nähmaschine   2. die Stricknadel   3. das Kochbuch   4. das Fahrrad   5. das Schlafzimmer   6. der Parkplatz   7. die Schreibmaschine   8. das Wohnzimmer   9. das Schwimmbad   10. die Waschmaschine   11. die Fahrschule   12. der Gehweg   13. das Schimpfwort   14. der Sitzplatz   15. das Badezimmer   16. der Warteraum   17. die Haltestelle   18. der Stehplatz   19. die Leselampe   20. die Reisetasche

ÜBUNG 44   1. der Weißkohl   2. das Buntpapier   3. die Großstadt   4. die Kleinstadt   5. die Kurzgeschichte   6. das Glatteis   7. der Lautsprecher   8. der Schnellzug   9. der Schnellimbiss   10. das Weißbrot   11. der Weißwein   12. der Altbau   13. das Hochhaus   14. die Tiefgarage   15. das Freibad   16. die Grünanlage   17. der Schwerpunkt   18. die Freikarte

ÜBUNG 45   A 1. der Arbeitsplatz   2. die Arbeitskleidung   3. der Arbeitsmarkt   4. der Arbeitstag   5. die Arbeitszeit   6. das Arbeitstempo   7. der Arbeitsunfall   8. der Arbeitslohn   B 1. das Weihnachtsgeschenk   2. die Weihnachtsfeier   3. der Weihnachtsabend   4. der Weihnachtsmann   5. das Weihnachtslied   6. die Weihnachtsstimmung   7. die Weihnachtskerzen   8. die Weihnachtsüberraschung   9. die Weihnachtsvorbereitungen

ÜBUNG 46   1. die Belastungsprobe   2. der Leistungstest   3. die Gesellschaftskritik   4. die Wirtschaftskrise   5. die Versicherungspflicht   6. das Gewerkschaftsmitglied   7. die Gemeinschaftsarbeit   8. der Gerechtigkeitssinn   9. das Schönheitsideal   10. der Schwierigkeitsgrad   11. das Durchschnittsalter   12. die Belastungsfähigkeit   13. die Geschwindigkeitsbegrenzung   14. der Staatsangehörigkeitsnachweis   15. die Bildungsmöglichkeiten   16. die Prüfungsangst   17. die Regierungsbildung   18. das Forschungsinstitut   19. der Krankheitserreger   20. die Ansteckungsgefahr

ÜBUNG 47   1. Die Kette ist aus Gold.   2. Das Besteck ist aus Stahl.   3. Das Tor ist aus Eisen.   4. Die Brücke ist aus Stein.   5. Die Bank ist aus Holz.   6. Der Koffer ist aus Leder.   7. Der Krug ist aus Ton.   8. Die Vase ist aus Porzellan.   9. Die Tüte ist aus Plastik.   10. Der Mantel ist aus Gummi.   11. Die Mütze ist aus Wolle.   12. Die Bluse ist aus Seide.

ÜBUNG 48 **1.** die Kugeln **2.** die Steuern **3.** die Mauern **4.** die Kartoffeln **5.** die Pan-toffeln **6.** die Gabeln **7.** die Schüsseln **8.** die Schachteln **9.** die Muskeln **10.** die Leitern **11.** die Ampeln **12.** die Zwiebeln **13.** die Regeln **14.** die Fasern **15.** die Waffeln **16.** die Kacheln **17.** die Nudeln **18.** die Feiern **19.** die Gesichter **20.** die Bilder **21.** die Eier **22.** die Kleider **23.** die Lichter **24.** die Lieder **25.** die Nester **26.** die Felder **27.** die Glieder **28.** die Schilder **29.** die Weiber **30.** die Gelder **31.** die Bretter **32.** die Geschlech-ter **33.** die Gespenster **34.** die Rinder **35.** die Leiber **36.** die Vorbilder

ÜBUNG 49 **1.** die Füße **2.** die Zähne **3.** die Ausflüge **4.** die Löhne **5.** die Stürme **6.** die Strände **7.** die Türme **8.** die Wände **9.** die Söhne **10.** die Bäume **11.** die Ärzte **12.** die Grüße **13.** die Träume **14.** die Bahnhöfe **15.** die Räume **16.** die Gäste **17.** die Sätze **18.** die Städte **19.** die Flüge **20.** die Äste

ÜBUNG 50 **1.** die Gräser **2.** die Nähte **3.** die Drähte **4.** die Hähne **5.** die Schnäbel **6.** die Gänse **7.** die Kälber **8.** die Lämmer **9.** die Läden **10.** die Bäder **11.** die Räder **12.** die Gräber **13.** die Gänge **14.** die Gäste **15.** die Blätter **16.** die Mäntel **17.** die Zäh-ne **18.** die Äste **19.** die Schränke **20.** die Bäche

ÜBUNG 51 **1.** das Kind **2.** den Autofahrer **3.** den Schüler **4.** den Kellner **5.** den Ver-käufer **6.** den Fahrgast **7.** den Herrn **8.** den Jungen **9.** den Nachbarn **10.** den Kollegen **11.** den Polizisten **12.** die Verkäuferin **13.** die Kellnerin **14.** die Passantin **15.** den Schaff-ner

ÜBUNG 52 **1.** dem Ausländer **2.** der Schülerin **3.** dem Großvater **4.** dem Schüler **5.** dem Prüfer **6.** dem Nachfolger **7.** dem Personalchef **8.** der Sekretärin **9.** dem Kollegen **10.** dem Nachbarn **11.** der Freundin **12.** dem Bruder

ÜBUNG 53 **1.** dem Mädchen **2.** der Ärztin **3.** dem Arzt **4.** der Krankenschwester **5.** dem Chef **6.** dem Mitarbeiter **7.** dem Betriebsleiter **8.** dem Passanten **9.** dem Kunden **10.** dem Freund **11.** der Freundin **12.** der Dame **13.** dem Herrn **14.** dem Fremden **15.** dem Kollegen **16.** dem Nachbarn **17.** dem Gast **18.** der Kundin

ÜBUNG 54 **1.** dem Nachbarn **2.** dem Kunden **3.** dem Beamten **4.** dem Angestellten **5.** dem Bekannten **6.** dem Verwandten **7.** dem Kollegen **8.** dem Zeugen **9.** dem Fremden **10.** dem Unbekannten **11.** dem Polizisten **12.** dem Assistenten **13.** dem Patienten **14.** dem Kranken **15.** dem Passanten

ÜBUNG 55 **1.** Ich gebe dem Angestellten das ausgefüllte Formular zurück. **2.** Ich biete dem Nachbarn eine Tasse Tee an. **3.** Ich beantworte dem Beamten die Fragen. **4.** Ich gebe dem Kollegen einen Rat. **5.** Wir danken dem Polizisten. **6.** Ich antworte dem Jungen. **7.** Ich helfe dem Bekannten. **8.** Ich gebe dem Verwandten Nachricht. **9.** Ich gebe dem Boten Trinkgeld. **10.** Wir applaudieren/Ich applaudiere dem Dirigenten. **11.** Wir hören/Ich höre dem Präsidenten zu. **12.** Wir schenken/Ich schenke dem Fremden zwei Mark für den Bus.

ÜBUNG 56 **1.** den Kindern **2.** den Gästen **3.** den Schülern **4.** den Söhnen **5.** den Nach-barinnen **6.** den Gastgebern **7.** den Jugendlichen **8.** den Kollegen **9.** den Lehrern **10.** den Siegern **11.** den Rednern **12.** den Pflanzen **13.** den Rosen **14.** den Artisten **15.** den Ge-burtstagskindern **16.** den Patienten **17.** den Patientinnen **18.** den Ehepaaren

ÜBUNG 57 1. Aus eleganten Wohnungen 2. Aus großen Städten 3. Aus hohen Bergen 4. Aus alten Schlössern 5. Aus gepflegten Parks 6. Aus überfüllten Stränden 7. Aus einsamen Gegenden 8. Aus lauten Festen 9. Aus weiten Reisen 10. Aus teuren Restaurants 11. Aus langen Spaziergängen 12. Aus alten Büchern 13. Aus politischen Reden 14. Aus anstrengenden Besichtigungen 15. Aus gefährlichen Abenteuern 16. Aus historischen Romanen 17. Aus sportlichen Veranstaltungen 18. Aus spannenden Krimis

ÜBUNG 58 1. ins 2. in die 3. ins 4. in die 5. in den 6. in den 7. in den 8. ins 9. ins 10. ins 11. in die 12. ins 13. in den 14. in den 15. ins 16. in die 17. in den 18. in die

ÜBUNG 59 1. im 2. im 3. im 4. im 5. in der 6. in der 7. in der 8. in der 9. im 10. im 11. in der 12. im 13. im 14. in der 15. in der 16. im 17. in der 18. im

ÜBUNG 60 1. in die 2. an den 3. vor den 4. unter den 5. vor das 6. vor das 7. auf den 8. hinter die 9. an den 10. auf den 11. in die 12. vor den 13. in die 14. vor das 15. in das 16. auf den

ÜBUNG 61 1. in der 2. am 3. vor dem/vorm 4. unter dem/unterm 5. vor dem/vorm 6. vor dem/vorm 7. auf dem 8. hinter der 9. am 10. auf dem 11. in der 12. vor dem/vorm 13. in der 14. vor dem/vorm 15. im 16. auf dem

ÜBUNG 62 1. mit der 2. mit dem 3. mit dem 4. mit dem 5. mit der 6. mit dem 7. mit dem 8. mit dem 9. mit dem 10. mit dem 11. mit dem 12. mit der 13. mit dem 14. mit der 15. mit der 16. mit dem

ÜBUNG 63 1. aus der 2. aus der 3. aus dem 4. aus dem 5. aus dem 6. aus dem 7. aus dem 8. aus dem 9. aus der 10. aus der 11. aus dem 12. aus der 13. aus dem 14. aus dem 15. aus der 16. aus dem 17. aus dem 18. aus dem

ÜBUNG 64 1. mit dem Kollegen 2. mit dem Nachbarn 3. mit dem Jungen 4. mit dem Beamten 5. mit dem Patienten 6. mit dem Kranken 7. mit dem Kunden 8. mit dem Polizisten 9. mit dem Soldaten 10. mit dem Zeugen 11. mit dem Matrosen 12. mit dem Auszubildenden 13. mit dem Architekten 14. mit dem Dirigenten 15. mit dem Präsidenten 16. mit dem Verwandten 17. mit dem Bekannten 18. mit dem Verletzten

ÜBUNG 65 1. der netten Sekretärin 2. der alten Dame 3. dem englischen Gast 4. dem sympathischen jungen Mann 5. der netten Verkäuferin 6. dem neuen Besitzer 7. dem früheren Geschäftsinhaber 8. dem ärgerlichen Kunden 9. dem alten Bekannten 10. dem älteren Kollegen 11. der neuen Kollegin 12. dem behandelnden Arzt 13. dem zuständigen Beamten 14. dem ehemaligen Nachbarn 15. dem erfolgreichen Politiker 16. der fortschrittlichen Politikerin 17. der ganzen Familie 18. dem alten Klassenkameraden

ÜBUNG 66 1. den Schülerinnen 2. den Kindern 3. den Freundinnen 4. den Leuten 5. den Menschen 6. den Damen 7. den Herren 8. den Arbeitern 9. den Arbeiterinnen 10. den Mitarbeitern 11. den Männern 12. den Frauen 13. den Nachbarn 14. den Nachbarinnen 15. den Kolleginnen 16. den Kollegen 17. den Fremden 18. den Touristen

ÜBUNG 67   1. des Aufenthaltes   2. des Urlaubs   3. des Besuches   4. der Besichtigung
5. des Trainings   6. der Sportveranstaltung   7. des Wettkampfes   8. der Wanderung   9. der
Bahnfahrt   10. der Fahrprüfung   11. des Spaziergangs   12. der Vorführung

ÜBUNG 68   1. trotz des hohen Alters   2. wegen der hohen Zinsen   3. während des ganzen
Lebens   4. während der gesamten Veranstaltung   5. trotz der dringenden Warnung   6. während des Zweiten Weltkrieges   7. wegen des hohen Preises   8. trotz des geringen Wertes
9. trotz der großen Bemühungen   10. während des dreijährigen Aufenthaltes   11. wegen des
unerträglichen Lärms   12. trotz des heftigen Regens   13. während des letzten Jahres
14. während der letzten Jahre   15. wegen der bedrohlichen Lage   16. trotz der schwierigen
Situation   17. trotz der regelmäßigen Übungen   18. wegen des schlechten Gesundheitszustandes

ÜBUNG 69   1. des großen Wissenschaftlers   2. des normalen Bürgers   3. des jungen Angeklagten   4. des bekannten Politikers   5. des französischen Regisseurs   6. des kranken Kindes
7. des deutschen Bundespräsidenten   8. des neuen Mitarbeiters   9. der gesamten Belegschaft
10. des gesamten Betriebs   11. des ausländischen Arbeitnehmers   12. der alten Nachbarin
13. der kritischen Jugend   14. des bekannten Fernsehreporters   15. der alten Dame   16. des
ganzen Landes

ÜBUNG 70   1. eines alten Kunstgegenstandes   2. eines jungen Arztes   3. eines ausländischen
Bewerbers   4. einer körperlichen Überanstrengung   5. eines alten Schlosses   6. einer mittelgroßen Wohnung   7. eines alten Handwerkers   8. eines normalen Bürgers   9. eines guten
Freundes   10. eines weltbekannten Schriftstellers   11. einer handwerklichen Ausbildung
12. eines modernen Krieges   13. einer mittelalterlichen Stadt   14. eines alten Gemäldes
15. eines öffentlichen Gebäudes   16. eines ausländischen Staatsmannes   17. eines bedeutenden
Politikers   18. eines wirtschaftlichen Abkommens

ÜBUNG 71   1. er   2. sie   3. er   4. Es   5. sie   6. sie   7. er   8. es   9. sie   10. es   11. sie
12. sie   13. es/sie   14. es   15. er   16. er   17. sie   18. es   19. es   20. es

ÜBUNG 72   1. mich   2. mich   3. mir   4. mich   5. mich   6. mich   7. mir   8. mich
9. mir   10. mir   11. mir   12. mir   13. mich   14. mich   15. mir   16. mir   17. mich
18. mich   19. mich   20. mich   21. mich   22. mir   23. mir   24. mir   25. mich

ÜBUNG 73   1. dich   2. dich   3. dir   4. dich   5. dich   6. dir   7. dir   8. dich   9. dich;
dich   10. dir   11. dich   12. dir   13. dich   14. dir   15. dich   16. dir   17. dich   18. dir
19. dich   20. dir   21. dich   22. dir   23. dir   24. dir   25. dich

ÜBUNG 74   1. sie   2. sie   3. ihr   4. ihr   5. sie   6. sie; ihr   7. sie   8. ihr   9. sie   10. ihr
11. ihr   12. sie   13. ihr   14. ihr   15. ihr   16. sie   17. sie   18. ihr   19. ihr   20. ihr
21. sie   22. ihr   23. sie   24. ihr   25. sie; sie

ÜBUNG 75   1. ihn   2. ihm   3. ihn   4. ihn   5. ihm   6. ihn   7. ihm   8. ihm   9. ihm
10. ihm; ihn   11. ihn   12. ihn   13. ihm   14. ihn   15. ihn   16. ihn   17. ihm   18. ihm
19. ihn   20. ihm   21. ihm   22. ihn   23. ihn   24. ihm   25. ihm

ÜBUNG 76   1. Ihnen   2. Sie   3. Ihnen   4. Sie   5. Ihnen   6. Ihnen   7. Ihnen   8. Sie
9. Sie   10. Sie   11. Ihnen   12. Ihnen   13. Ihnen   14. Ihnen   15. Ihnen   16. Ihnen
17. Sie   18. Sie   19. Sie   20. Ihnen   21. Sie   22. Ihnen   23. Ihnen   24. Sie   25. Sie

ÜBUNG 77   1. sie   2. ihnen   3. sie   4. ihnen   5. ihnen   6. sie   7. ihnen   8. sie   9. sie
10. sie   11. ihnen   12. ihnen   13. sie   14. ihnen   15. sie   16. sie   17. ihnen   18. ihnen
19. ihnen   20. sie   21. sie   22. ihnen

ÜBUNG 78   1. uns; mir; meinem Vater; dem Studenten   2. ihm; ihr/ihnen; meiner Mutter;
meinem Freund   3. den Erwachsenen; den Jugendlichen; den Schülerinnen; mir   4. den Euro-
päern; den Touristen; ihr/ihnen; ihm   5. den Schülern; den älteren Leuten; uns; euch

ÜBUNG 79   1. meine   2. meine   3. meine   4. mein   5. mein   6. meine   7. mein   8. mein
9. meine   10. meine   11. mein   12. meine   13. mein   14. mein   15. meine   16. meine
17. mein   18. mein

ÜBUNG 80   1. sein; ihr   2. sein; ihr   3. sein; ihr   4. sein; ihr   5. sein; ihr   6. seine; ihre
7. seine; ihre   8. sein; ihr   9. sein; ihr   10. seine; ihre   11. sein; ihr   12. sein; ihr   13. sei-
ne; ihre   14. sein; ihr   15. seine; ihre   16. sein; ihr   17. sein; ihr   18. seine; ihre

ÜBUNG 81   1. meiner   2. meiner   3. meinem   4. meinem   5. meiner   6. meiner   7. mei-
nem   8. meiner   9. meiner   10. meinem Nachbarn   11. meinem Kollegen   12. meinem
13. meiner   14. meiner   15. meinem   16. meinem   17. meiner   18. meinem

ÜBUNG 82   1. meiner   2. meiner   3. meinem   4. meiner   5. meiner   6. meiner   7. mei-
nem   8. meiner   9. meinem   10. meiner   11. meinem   12. meinem   13. meiner   14. mei-
ner   15. meiner   16. meinem

ÜBUNG 83   1. seine   2. meine   3. ihre   4. unsere   5. eure   6. ihre   7. Deine   8. seine
9. Seine   10. seine   11. ihre   12. Eure   13. unsere   14. eure   15. unsere   16. Ihre
17. meine   18. seine   19. ihre   20. meine

ÜBUNG 84   1. euer ganzer   2. euer hohes   3. euer alter   4. euer bequemer   5. eure neue
6. euer runder   7. euer neuer   8. eure gemütliche   9. euer gepflegter   10. euer schönes
11. eure neue   12. euer schwerer   13. eure leichte   14. euer großes   15. euer alter   16. euer
monatliches   17. euer niedriger   18. euer altes

ÜBUNG 85   1. unserem ausländischen   2. unserer ausländischen   3. unserem älteren   4. un-
serer jüngeren   5. unserem neuen Kollegen   6. unserem früheren   7. unserer alten   8. unserer
besten   9. unserem französischen   10. unserem kleinen Neffen   11. unserer italienischen
12. unserer alten   13. unserem jetzigen   14. unserem früheren Nachbarn   15. unserer guten
Bekannten   16. unserer kleinen   17. unserem älteren   18. unserer jungen

ÜBUNG 86   1. meinen; meinem; meinen; Mein   2. meine; meiner; meine   3. deine; deine;
deiner   4. deine; deiner; deine   5. seinen; seinem; seinem; Sein   6. seine; seiner; seine
7. ihrem; ihr; ihrem   8. ihre; ihrer; Ihre

ÜBUNG 87   1. Wie   2. Was   3. Wie   4. Wie viel   5. Was   6. Wie   7. Wie viel   8. Wie
9. Wie   10. Wie viel   11. Was   12. Wie   13. Wie   14. Wie   15. Was   16. Was   17. Wie
18. Wie   19. Wie   20. Was   21. Wie viel   22. Wie viel   23. Wie viel (was)   24. Was

ÜBUNG 88   1. welches   2. Was für eine   3. Was für einen   4. Was für eine   5. welchen
6. Welchen   7. Welche   8. Was für Schuhe   9. Welches   10. Was für eine   11. Was für einen
12. welchem   13. was für einen   14. Was für eine   15. Welchen   16. welchem   17. was für
einem   18. Welche   19. welchem   20. welche

ÜBUNG 89   1. schwere   2. leichte   3. billige   4. neue   5. bekannte   6. gemütliche   7. gül-
tige   8. ungültige   9. strenge   10. herrliche   11. besetzte   12. freie   13. sonnige   14. sau-
bere   15. überfüllte   16. kühle   17. interessante   18. wunderschöne   19. spannende

ÜBUNG 90   1. die scharfen Gewürze   2. die süßen Apfelsinen   3. die sauren Zitronen
4. die saftigen Pfirsiche   5. die roten Tomaten   6. die harten Nüsse   7. die weichen Birnen
8. die dunkelroten Beeren   9. die hellroten Johannisbeeren   10. die schwarzen Johannisbeeren
11. die aromatischen Himbeeren   12. die unreifen Kirschen   13. die blauen Pflaumen
14. die frischen Salate   15. die großen Kartoffeln   16. die langen Gurken   17. die grünen
Bohnen   18. die frischen Erbsen   19. die jungen Möhren   20. die frischen Artischocken

ÜBUNG 91   1. dein schwarzer Hut   2. deine karierte Mütze   3. dein neues Kleid   4. deine
goldene Armbanduhr   5. dein silbernes Feuerzeug   6. dein kleines Taschenmesser   7. dein ge-
streifter Schal   8. deine geblümte Bluse   9. dein alter Wintermantel   10. deine soziale Ein-
stellung   11. deine politische Meinung   12. dein technisches Talent   13. deine handwerkliche
Erfahrung   14. deine sportliche Haltung   15. dein starker Wille   16. deine gute Laune

ÜBUNG 92   A. 1. der teure — ein teurer   2. der teure — ein teurer   3. die teure — eine
teure   4. das teure — ein teures   5. der teure — ein teurer   6. das teure — ein teures   7. die
teure — eine teure   8. der teure — ein teurer
B. 1. der hohe — ein hoher   2. der hohe — ein hoher   3. die hohe — eine hohe   4. der hohe
— ein hoher   5. das hohe — ein hohes   6. das hohe — ein hohes   7. die hohe — eine hohe
8. der hohe — ein hoher   9. die hohe — eine hohe   10. das hohe — ein hohes   11. die hohe —
eine hohe   12. die hohe — eine hohe   13. die hohe — eine hohe   14. das hohe — ein hohes
15. der hohe — ein hoher
C. 1. der dunkle — ein dunkler   2. die dunkle — eine dunkle   3. der dunkle — ein dunkler
4. das dunkle — ein dunkles   5. die dunkle — eine dunkle   6. der dunkle — ein dunkler
7. das dunkle — ein dunkles   8. das dunkle — ein dunkles   9. der dunkle — ein dunkler
10. das dunkle — ein dunkles   11. die dunkle — eine dunkle   12. der dunkle — ein dunkler

ÜBUNG 93   1. den kurzen   2. den ausführlichen   3. das alte   4. die spannende   5. den his-
torischen   6. die schwierige   7. den langen   8. das schwierige   9. den letzten   10. die erste
11. das schöne   12. die genaue   13. den fremden   14. den wissenschaftlichen   15. den inte-
ressanten   16. die schlimme   17. den netten   18. den sensationellen

ÜBUNG 94   1. einen warmen   2. einen modernen   3. eine lange   4. eine leichte   5. eine
seidene   6. ein buntes   7. ein hübsches   8. einen karierten   9. einen schmalen   10. eine
sportliche   11. ein einfarbiges   12. ein gestreiftes   13. einen silbernen   14. ein goldenes

ÜBUNG 95 1. auf den großen 2. auf die hohe 3. auf den niedrigen 4. auf das weiße 5. auf den roten 6. auf den dicken 7. auf die unterste 8. auf den ersten 9. auf den hinteren 10. auf das braune 11. auf den neuen 12. auf den ersten 13. auf den kleinen 14. auf den alten 15. auf die grüne 16. auf das neue 17. auf das alte 18. auf die große

ÜBUNG 96 1. auf dem großen 2. auf der hohen 3. auf dem niedrigen 4. auf dem weißen 5. auf dem roten 6. auf dem dicken 7. auf der untersten 8. auf dem ersten 9. auf dem hinteren 10. auf dem braunen 11. auf dem neuen 12. auf dem ersten 13. auf dem kleinen 14. auf dem alten 15. auf der grünen 16. auf dem neuen 17. auf dem alten 18. auf der großen

ÜBUNG 97 1. dem neuen 2. der neuen 3. dem jungen 4. dem ausländischen 5. dem italienischen Touristen 6. der überarbeiteten 7. der überlasteten 8. dem alten 9. dem ängstlichen 10. der neuen 11. dem kranken Nachbarn 12. dem behinderten Herrn 13. dem jüngeren Kollegen 14. dem verletzten 15. dem hilflosen Fremden 16. dem kleinen Jungen

ÜBUNG 98 1. an einer lauten 2. über einem großen 3. in einem renovierten 4. neben einem mittelalterlichen 5. in einem modernen 6. auf einem großen 7. neben einer hässlichen 8. an einem kleinen 9. in einer hübschen 10. in einem malerischen 11. an einem kleinen 12. auf einem bewaldeten 13. in einer engen 14. auf einem ehemaligen 15. in einer hübschen 16. in einer scheußlichen 17. in einer dunklen 18. in einem winzigen

ÜBUNG 99 1. Trotz des hohen Preises machten wir ... . 2. Trotz des großen Risikos machten wir ... . 3. Trotz des außergewöhnlichen Wohlstands waren wir ... . 4. Trotz der ungünstigen Jahreszeit machten wir ... . 5. Trotz der niedrigen Miete waren wir ... . 6. Trotz des technischen Fortschritts waren wir ... . 7. Trotz der guten Ausbildung waren wir ... . 8. Trotz des günstigen Termins waren wir ... . 9. Trotz des guten Kontakts waren wir ... . 10. Trotz der gründlichen Vorbereitung waren wir ... . 11. Trotz des schlechten Wetters machten wir ... . 12. Trotz der schlimmen Nachricht machten wir ... . 13. Trotz der sozialen Sicherung waren wir ... . 14. Trotz des starken Verkehrs machten wir ... . 15. Trotz der wiederholten Warnung machten wir ... . 16. Trotz der schweren Erkältung machten wir ... .

ÜBUNG 100 1. frischen 2. süßen 3. gebratenes 4. reifes 5. geräucherten 6. heiße 7. starken 8. kühle 9. italienisches 10. dunkles 11. chinesischen 12. saure 13. gegrilltes 14. französischen 15. spanischen 16. helles 17. frischen 18. junges 19. eiskalte 20. dänische

ÜBUNG 101 1. bei großer Hitze 2. bei geöffnetem Fenster 3. bei geschlossener Tür 4. bei hoher Temperatur 5. bei häufigem Gebrauch 6. bei körperlicher Arbeit 7. bei drohender Gefahr 8. bei hoher Beteiligung 9. bei starkem Wirtschaftswachstum 10. bei steigender Tendenz 11. bei heftigem Sturm 12. bei prasselndem Regen 13. bei außergewöhnlichem Andrang 14. bei anhaltender Schlaflosigkeit 15. bei dauerndem Wechsel 16. bei laufendem Motor 17. bei ständigem Missbrauch 18. bei beginnender Dunkelheit 19. bei klirrender Kälte 20. bei strahlendem Sonnenschein

ÜBUNG 102 1. Hübsches Zimmer zu vermieten! 2. Ledernes Sofa zu verkaufen! 3. Sonnige Wohnung zu vermieten! 4. Kleines Wochenendhaus zu vermieten (zu verkaufen)! 5. Moderner Büroraum zu vermieten! **6.** Altes Bauernhaus zu vermieten (zu verkaufen)! **7.** Neu-wertige Waschmaschine zu verkaufen! **8.** Gut erhaltener Plattenspieler zu verkaufen! **9.** Höl-zerne Gartenbank zu verkaufen! **10.** Neuer Laden zu vermieten! **11.** Zentral gelegenes Ge-schäft zu vermieten! **12.** Gut erhaltene Stehlampe zu verkaufen! **13.** Fabrikneues Fahrrad zu verkaufen! **14.** Neuwertiges Zelt zu verkaufen! **15.** Große schafwollene Decke zu verkaufen! **16.** Junger Hund zu verkaufen!

ÜBUNG 103 **1.** bunte Mützen **2.** wollene Decken **3.** moderne Schlipse **4.** hübsche Kra-watten **5.** moderne Westen **6.** leichte Sommerkleider **7.** seidene Blusen **8.** bunte Kopftü-cher **9.** silberne Ringe **10.** goldene Halsketten **11.** teure Armbanduhren **12.** elegante Hüte **13.** dunkle Anzüge **14.** karierte Röcke **15.** warme Pullover **16.** weiße Turnhosen **17.** ge-strickte Schals **18.** lederne Gürtel

ÜBUNG 104 **1.** den gleichen **2.** den gleichen **3.** den gleichen **4.** den gleichen **5.** dem gleichen **6.** die gleichen **7.** den gleichen **8.** die gleichen **9.** die gleiche **10.** dem gleichen **11.** das gleiche **12.** die gleichen **13.** den gleichen **14.** des gleichen **15.** dem gleichen **16.** das gleiche **17.** den gleichen **18.** die gleichen **19.** Den gleichen

ÜBUNG 105 **1.** schneller **2.** langsamer **3.** reicher **4.** dicker **5.** schlechter **6.** hässlicher **7.** hübscher **8.** fleißiger **9.** stärker **10.** schwächer **11.** ärmer **12.** wärmer **13.** jünger **14.** älter **15.** gesünder **16.** dunkler **17.** höher **18.** schlanker **19.** froher **20.** besser

ÜBUNG 106 **1.** besseren **2.** besseres **3.** besseren **4.** besseren **5.** besseres **6.** besserer **7.** bessere **8.** bessere **9.** bessere **10.** besserer **11.** besserer **12.** bessere **13.** besserem **14.** besseres **15.** bessere **16.** besseres **17.** bessere **18.** besseren **19.** bessere **20.** besseren

ÜBUNG 107 **1.** gefährlich **2.** freundlich **3.** jährlich **4.** täglich **5.** monatlich **6.** wö-chentlich **7.** stündlich **8.** nächtlich **9.** nötig **10.** eckig **11.** sonnig **12.** wolkig **13.** vor-sichtig **14.** schrecklich **15.** feindlich **16.** ruhig **17.** fraulich **18.** weiblich **19.** männlich **20.** kindlich

ÜBUNG 108 **1.** scheinbar **2.** erkennbar **3.** sichtbar **4.** unsichtbar **5.** fühlbar **6.** wahr-nehmbar **7.** fehlerhaft **8.** mangelhaft **9.** brauchbar **10.** unbrauchbar **11.** ungenießbar **12.** meisterhaft **13.** laienhaft **14.** glaubhaft **15.** unglaubhaft

ÜBUNG 109 **1.** formal; formell **2.** theatralisch **3.** literarisch **4.** politisch **5.** natürlich **6.** materiell **7.** musikalisch **8.** aromatisch **9.** dokumentarisch **10.** medizinisch **11.** rheu-matisch **12.** parlamentarisch **13.** ideell **14.** parteiisch **15.** logisch **16.** individuell **17.** pä-dagogisch **18.** biologisch

ÜBUNG 110 **1.** kapitalistisch **2.** politisch **3.** religiös **4.** wissenschaftlich **5.** technisch **6.** künstlich; künstlerisch **7.** natürlich **8.** musikalisch **9.** physikalisch **10.** chemisch **11.** me-dizinisch **12.** handwerklich **13.** staatlich **14.** städtisch **15.** rechtlich **16.** logisch **17.** er-zieherisch **18.** demokratisch

ÜBUNG 111   1. auf   2. in   3. auf   4. In   5. In   6. auf   7. auf   8. auf   9. auf   10. auf   11. auf   12. auf   13. in   14. in   15. in   16. Auf   17. auf   18. auf   19. auf   20. In   21. In   22. auf   23. auf; in   24. Auf   25. auf

ÜBUNG 112   1. für   2. für   3. auf   4. für   5. für   6. auf   7. für   8. auf   9. auf   10. auf   11. für   12. auf   13. für   14. auf   15. auf   16. für   17. Für   18. auf   19. auf   20. für

ÜBUNG 113   1. auf   2. Auf   3. für   4. auf   5. für   6. Auf   7. auf   8. für   9. auf   10. für   11. auf   12. für   13. auf   14. auf   15. für   16. auf   17. auf   18. auf   19. für   20. für   21. für   22. auf   23. auf   24. für   25. auf

ÜBUNG 114   1. nach   2. über   3. nach   4. nach   5. über   6. nach   7. über   8. über   9. über   10. nach   11. Über   12. nach   13. nach   14. über   15. über   16. über   17. nach   18. über   19. über   20. Über   21. über   22. Über   23. über   24. über

ÜBUNG 115   1. auf   2. über   3. über   4. auf   5. auf   6. Über   7. für   8. für   9. für   10. auf   11. über   12. über   13. auf   14. für   15. über

ÜBUNG 116   1. über   2. über   3. an   4. an   5. über   6. für   7. für   8. an   9. an   10. über   11. an   12. für   13. über   14. an   15. über   16. für   17. an   18. an   19. für   20. über   21. über   22. über   23. über   24. für   25. für

ÜBUNG 117   1. sehr   2. viel   3. viel   4. viel   5. sehr   6. sehr   7. viel   8. viel   9. sehr   10. sehr   11. sehr   12. sehr   13. viel   14. viel   15. sehr viel   16. sehr   17. sehr   18. sehr   19. Viel   20. viel   21. sehr viel   22. sehr   23. viel   24. viel   25. viel

ÜBUNG 118   1. noch nicht   2. nicht mehr   3. noch nicht   4. nicht mehr   5. nicht mehr   6. noch nicht   7. noch nicht   8. nicht mehr   9. nicht mehr   10. nicht mehr   11. noch nicht   12. noch nicht; nicht mehr

ÜBUNG 119   1. her   2. her-   3. hin-; he-   4. her   5. hin   6. hin-   7. hin-   8. her-   9. her-   10. her-   11. her-; hin-   12. hin-   13. he-   14. hi-   15. hin-   16. hin-   17. her-   18. her

ÜBUNG 120   1. Meine Nachbarn sind zwar sehr beschäftigt, aber sie sind immer hilfsbereit. 2. Sie ist zwar erst sechs Jahre alt, aber sie spielt ausgezeichnet Klavier.   3. Wir sind zwar schon sehr müde, aber wir machen die Arbeit noch fertig.   4. Sie hat zwar wenig Zeit, aber sie besucht ihre alten Eltern täglich.   5. Er ist zwar schon alt, aber er treibt immer noch Sport. 6. Ich fühle mich hier zwar wohl, aber ich habe doch oft Heimweh.   7. Sie ist zwar aus dem Krankenhaus entlassen, aber es geht ihr immer noch nicht gut.   8. Sie haben zwar eine kleine Wohnung, aber Freunde können immer bei ihnen übernachten.   9. Deutsch lernen ist zwar nicht schwer, aber man muss viel üben.   10. Die Wohnung gefällt mir zwar, aber sie ist mir zu teuer.

ÜBUNG 121   1. wie Verträge abgeschlossen werden   2. wie Fahrpläne gelesen werden 3. wie Texte übersetzt werden   4. wie Geschäftsbriefe beantwortet werden   5. wie Anträge

gestellt werden   **6.** wie Gespräche geführt werden   **7.** wie Telegramme aufgegeben werden
8. wie Reisen vorbereitet werden   **9.** wie Speisen zubereitet werden   **10.** wie Maschinen repariert werden   **11.** wie Säuglinge behandelt werden   **12.** wie elektrische Geräte gepflegt werden
13. wie Zimmer tapeziert werden   **14.** wie Wände gestrichen werden   **15.** wie Kleider genäht
werden   **16.** wie Zinsen berechnet werden

ÜBUNG 122   **1.** um schnell wieder gesund zu werden   **2.** um gründlich Englisch zu lernen
3. um mich nach der Ankunft des Flugzeuges zu erkundigen   **4.** um mich politisch zu betätigen   **5.** um nicht zu spät zu kommen   **6.** um mich über Ausbildungsmöglichkeiten beraten zu
lassen   **7.** um gesund zu bleiben   **8.** um morgens ausgeruht zu sein   **9.** um beweglich zu bleiben   **10.** um Kontakt zu Deutschen zu finden   **11.** um mich zu entspannen   **12.** um über das
Tagesgeschehen informiert zu sein   **13.** um mich untersuchen zu lassen   **14.** um einen Unfall
zu vermeiden

ÜBUNG 123   **1.** Während wir Nachrichten hörten, klingelte es.   **2.** Während ich schwamm,
lag meine Freundin am Strand und sonnte sich.   **3.** Während im Norden die Sonne schien, gab
es in Süddeutschland ein schweres Unwetter.   **4.** Während die Hausfrau die Wohnung sauber
machte, kaufte ihr Mann ein.   **5.** Während ich auf den Zug wartete, las ich die Zeitung.
6. Während der Schüler sprach, machte sich der Lehrer Notizen.   **7.** Während die Politiker verhandelten, wartete vor dem Gebäude eine große Menschenmenge.   **8.** Während ihr noch
schlieft, bereitete ich das Frühstück vor.   **9.** Während wir aßen, klingelte das Telefon.
10. Während sie feierten, traf eine unangenehme Nachricht ein.   **11.** Während sie einen Schaufensterbummel machte, traf er sich mit einem alten Schulfreund.   **12.** Während der Schüler sich
auf die Prüfung vorbereitete, wurde er krank.   **13.** Während er in der Berufsausbildung war, verdiente sie das Geld für den Lebensunterhalt.   **14.** Während es draußen stürmte und schneite,
saßen wir gemütlich in einem Gasthaus und tranken heißen Punsch.   **15.** Während er krank war,
vertrat ich ihn.   **16.** Während sie schrieb, kamen ihr viele gute Einfälle.

ÜBUNG 124   **1.** Wenn ich gut Deutsch sprechen kann, bewerbe ich mich um einen Arbeitsplatz.   **2.** Wenn ich einkaufen gehe, wundere ich mich über die ständig steigenden Preise.
3. Wenn ihr mich besucht, müsst ihr viel Zeit mitbringen.   **4.** Wenn der Wecker klingelt, muss
ich sofort aufstehen.   **5.** Wenn ein Fußgänger am Zebrastreifen steht, muss der Autofahrer halten.   **6.** Wenn meine Freunde verreisen, lassen sie ihren Wohnungsschlüssel bei mir.   **7.** Wenn
die Blumen verwelkt sind, musst du sie wegwerfen.   **8.** Wenn du weggehst, musst du das Licht
ausschalten.   **9.** Wenn ich spazieren gehe, denke ich über vieles nach.   **10.** Wenn ich nach
Istanbul komme, besichtige ich die Blaue Moschee.   **11.** Wenn ihr meinen Freund trefft, müsst
ihr ihn von mir grüßen.   **12.** Wenn wir die Altbauwohnung mieten, werden wir sie gründlich
renovieren.

ÜBUNG 125   **1.** Als du mich anriefst, schlief ich noch.   **2.** Als die Studentin nach Deutschland kam, sprach sie noch kein Deutsch.   **3.** Als wir im Stadtpark spazieren gingen, trafen wir
unseren Nachbarn.   **4.** Als der Freund abreiste, waren alle traurig.   **5.** Als wir in Paris lebten,
lernten wir uns kennen.   **6.** Als wir neulich in die Lüneburger Heide fuhren, hatten wir eine
Reifenpanne.   **7.** Als der Wecker klingelte, sprang ich sofort aus dem Bett.   **8.** Als sie 25 Jahre alt war und ihre Ausbildung abgeschlossen hatte, heiratete sie.   **9.** Als wir uns neulich beim
Einkaufen trafen, unterhielten wir uns lange.   **10.** Als ich mit meiner Berufsausbildung fertig
war, ging ich für ein paar Jahre ins Ausland.   **11.** Als es in der Bundesrepublik einen
Arbeitskräftemangel gab, kamen viele ausländische Arbeitnehmer.   **12.** Als ich krank war, versorgte mich meine Mutter.

ÜBUNG 126   **1.** Das Medikament scheint bei ihm gut anzuschlagen.   **2.** Die Behandlung scheint gut zu wirken.   **3.** Die neue Partei scheint immer mehr Anhänger zu gewinnen. **4.** Viele Jugendliche scheinen sich jetzt wieder mehr für klassische Musik zu interessieren. **5.** Der allgemeine Wohlstand scheint die Menschen immer egoistischer zu machen.   **6.** Viele Menschen scheinen den politischen Entwicklungen immer noch gleichgültig gegenüberzustehen. **7.** Viele Menschen scheinen trotz guter Informationsmöglichkeiten politisch nicht mündig zu sein.   **8.** Das Klima scheint Auswirkungen auf die Mentalität der Menschen zu haben.   **9.** Die Umwelteinflüsse scheinen sich stärker auf die Entwicklung eines Menschen auszuwirken als seine Erbfaktoren.   **10.** Die Umweltverschmutzung scheint aufgehalten werden zu können. **11.** Die deutsche Sprache scheint doch nicht so schwierig zu sein, wie man immer sagt. **12.** Diese Blumen scheinen schnell zu verblühen.

ÜBUNG 127   **1.** Immer wenn wir uns trafen, klagte er ...   Jedes Mal wenn wir uns trafen, klagte er ..., ...   **2.** Immer wenn sie eine Reise macht, bereitet sie sich ...   Jedes Mal wenn ..., ...   **3.** Immer wenn ich sie besuchen wollte, war sie ...   Jedes Mal wenn ..., ... **4.** Immer wenn ihr nach Hamburg kommt, regnet es.   Jedes Mal wenn ..., ...   **5.** Immer wenn er einen Brief aus seiner Heimat bekam, hatte er ...   Jedes Mal wenn ..., ...   **6.** Immer wenn du mich anriefst, hatte ich ...   Jedes Mal wenn ..., ...   **7.** Immer wenn es klingelt, bellt der Hund.   Jedes Mal wenn ..., ...   **8.** Immer wenn du kommst, gibt es Streit.   Jedes Mal wenn ..., ...   **9.** Immer wenn wir ausgehen wollten, kam uns ...   Jedes Mal wenn ..., ...   **10.** Immer wenn das Wetter schön ist, fahre ich ...   Jedes Mal wenn ..., ...   **11.** Immer wenn ich meinen alten Vater besuche, nehme ich ...   Jedes Mal wenn ..., ...   **12.** Immer wenn wir zusammenkamen, sprachen wir ...   Jedes Mal wenn ..., ...

ÜBUNG 128   **1.** Das Bild, das dort drüben an der Wand hängt, ist berühmt.   **2.** Die Schere, die dort oben auf dem Regal liegt, ist stumpf.   **3.** Der Herr, der dort hinten an der Ecke steht, ist mein neuer Kollege.   **4.** Die Bücher, die hier neben mir liegen, sind neu.   **5.** Der Zug, der gerade auf Gleis zehn einfährt, kommt aus München.   **6.** Die Frau, die im Restaurant neben uns saß, war sehr hübsch.   **7.** Die Schüler, die hier in Köln Deutsch lernen, kommen aus Lateinamerika.   **8.** Der Ring, der verschwunden ist, war sehr wertvoll.   **9.** Jenes Gebirge, das am Horizont zu sehen ist, ist der Schwarzwald.   **10.** Die Stadt, die heute verlassen und zerfallen ist, war im Mittelalter bedeutend und reich.   **11.** Die Übungen, die wiederholt werden müssen, sind besonders schwierig.   **12.** Die Waren, die von euch bestellt wurden, müssen bei Lieferung bezahlt werden.

ÜBUNG 129   **1.** ..., die ich neulich gebucht habe.   **2.** ..., die du mir erklärt hast.   **3.** ..., den mein Freund mir empfohlen hat.   **4.** ..., den du geschrieben hast.   **5.** ..., den ich in der Zeitung gelesen habe.   **6.** ..., den ich ungenau übersetzt habe.   **7.** ..., das ich meinen Gästen anbieten will.   **8.** ..., den ich vielleicht kaufen will.   **9.** ..., die ich mir gerade gekauft habe. **10.** ..., den ich mit der Bahn vorausschicken will.   **11.** ..., das ich dir gegeben habe.   **12.** ..., den ich für sehr fortschrittlich halte.

ÜBUNG 130   **1.** ..., mit der er sich vorhin unterhalten hat, ...   **2.** ..., mit dem ich spazieren ging, ...   **3.** ..., mit dem der Täter die Fensterscheibe zerschlug, ...   **4.** ..., mit dem ich mich im Flughafenrestaurant treffen will, ...   **5.** ..., mit der wir diskutiert haben, ... **6.** ..., mit dem wir eine Reise durch Südfrankreich machen wollen, ...   **7.** ..., mit denen wir uns in der Stadt verabredet haben, ...   **8.** ..., mit denen wir Ball gespielt haben, ...   **9.** ..., mit denen ich mich jedes Wochenende treffe, ...   **10.** ..., mit der ich regelmäßig telefoniere, ...   **11.** ..., mit dem ich oft ausgehe, ...   **12.** ..., mit der ich täglich zur Arbeit fahre, ...

Notizen

Notizen

deutsch üben

Eine Reihe für Anfänger zum Üben, für Fortgeschrittene zur
gezielten Wiederholung. Sämtliche Bände verwendbar als
Zusatzmaterial zu jedem beliebigen Lehrbuch; auch für
Selbstlerner geeignet (Schlüssel im Anhang).

Band 1
„mir" oder „mich"? Übungen zur Formenlehre
Übungen zu den Verben, Substantiven, zum Artikelgebrauch,
zu Pronomen, Adjektiven, Präpositionen und zur Syntax.
ISBN 3–19–007449–6

Band 2
Groß oder klein? Übungen zur Rechtschreibung
ISBN 3–19–007450–X

Band 3 / 4
Weg mit den typischen Fehlern!
Lern- und Übungsbücher mit Hinweisen zur Vermeidung häufig vorkommender
Fehler in Grammatik und Wortschatz.
Teil 1: ISBN 3–19–007451–8
Teil 2: ISBN 3–19–007452–6

Band 5 / 6
Sag's besser! Arbeitsbücher für Fortgeschrittene
Teil 1: Grammatik – ISBN 3–19–007453–4
Teil 2: Ausdruckserweiterung – ISBN 3–19–007454–2
Schlüssel zu Teil 1 und 2 – ISBN 3–19–017453–9

Band 7
Schwierige Wörter Übungen zu Verben, Nomen und Adjektiven
Zum Nachschlagen und Üben mit Übungssätzen, mit Lücken zum selbstständigen Ergänzen.
ISBN 3–19–007455–0

Band 8
„der", „die" oder „das"? Übungen zum Gebrauch des Artikels
ISBN 3–19–007456–9

Band 9
Wortschatz und mehr
Ein Übungsbuch zur spielerischen Beschäftigung mit Wörtern und Worten.
Vokabular zu über 50 Themen.
ISBN 3–19–007457–7

Band 10
Übungen zur neuen Rechtschreibung
Wichtige Neuerungen mit Übungen und Tests zur Lernkontrolle.
ISBN 3–19–007458–5

Band 11
Wörter und Sätze Übungen für Fortgeschrittene
Zum Reaktivieren, Festigen und Vertiefen der vorhandenen grundlegenden
Grammatik- und Wortschatzkenntnisse.
ISBN 3–19–007459–3

Band 12
Diktate hören – schreiben – korrigieren
Übungsdiktate für die Grund-, Mittel- und Oberstufe und zur Vorbereitung auf
das deutsche Sprachdiplom (mit 2 Audio-CDs).
ISBN 3–19–007460–7

Band 13
Starke Verben
Dieses Übungsbuch trainiert die wichtigsten unregelmäßigen Verben der
deutschen Sprache und zeigt sie in ihren verschiedenen Bedeutungsvarianten.
ISBN 3–19–007488–7

Band 14
Schwache Verben
Dieses Übungsbuch trainiert die wichtigsten regelmäßigen Verben der
deutschen Sprache und zeigt sie in ihren verschiedenen Bedeutungsvarianten.
ISBN 3–19–007489–5

Hueber – Sprachen der Welt
www.hueber.de